LE MARCHÉ POLITIQUE SÉNÉGALAIS :
UN CAPHARNAÜM

ABDOURAHMANE KEÏTA

LE MARCHÉ POLITIQUE SÉNÉGALAIS :
UN CAPHARNAÜM

© **L'HARMATTAN, 2012**
5-7, rue de l'École-Polytechnique ; 75005 Paris

http://www.librairieharmattan.com
diffusion.harmattan@wanadoo.fr
harmattan1@wanadoo.fr

ISBN : 978-2-296-54896-1
EAN : 9782296548961

Le marché politique sénégalais : un capharnaüm

« *L'État ce n'est pas Lui, c'est Nous.* »
L'auteur inspiré de Louis XIV

« *Je suis un bon citoyen parce que j'aime le gouvernement où je suis né. Sans le craindre, et que je n'en attends d'autres faveurs que ce bien infini que je partage avec tous mes compatriotes.* »
Montesquieu

PRÉFACE

Comme le disait si bien Charles de MONTALEMBERT[1], « *vous avez beau ne pas vous occuper de politique, la politique s'occupe de vous tout de même* ». Alors occupons-nous de politique. C'est ce que fait admirablement monsieur KEITA dans cette contribution à la clarification du débat qui agite le Sénégal depuis quelques mois. Depuis que l'actuel président de la République, monsieur Abdoulaye WADE, a manifesté la volonté de se présenter, pour un troisième mandat, à l'élection présidentielle de février 2012, la levée de boucliers a été quasi unanime. Les protestations ont fusé de partout. Créant une situation d'insurrection intellectuelle sans précédent dans le pays et même en dehors. La société civile est devenue subitement visible et incontournable. Elle a pris la parole, que dis-je… elle a arraché la parole aux politiques ! Du jamais vu au Sénégal. La démocratie sénégalaise venait de franchir un cap. Sans vraiment s'en rendre compte, monsieur WADE venait de faire entrer la démocratie sénégalaise dans une autre dimension. Celle qui peut nous conduire à avoir le sentiment que chaque Sénégalais et chaque Sénégalaise se veut partie prenante de la vie politique de son pays. C'est salutaire, car toute

---

[1] Charles de MONTALEMBERT (1810 – 1870) était un journaliste, historien et homme politique français.

démocratie vit parce que le peuple au sein duquel elle se développe la fait vivre. Cependant, ce changement de dimension peut aussi être lourd de menaces pour cette même démocratie sénégalaise qui, comme toutes les autres, est fragile et demande une attention de tous les instants.

En effet, très vite les militants favorables et les opposants à cette candidature à un troisième mandat de monsieur WADE ont quitté le terrain de la confrontation des idées pour aller sur celui de la confrontation physique. Les positions se sont radicalisées. La violence physique a fait irruption sur la scène politique. Et au moment où j'écris ces lignes, on a déjà déploré une perte de vie humaine, à Dakar, directement liée à cette violence politique. C'est inacceptable. Et il faut tout faire pour arrêter cette dérive.

Un des moyens d'y arriver est de donner aux Sénégalais une grille de lecture des évènements en plongeant au cœur du problème : la Loi fondamentale de la République du Sénégal, sa Constitution. Scruter cette Constitution, observer ses évolutions depuis sa première version jusqu'à celle qui est en vigueur aujourd'hui, éclairer les relations troubles que les hommes politiques sénégalais ont toujours eues avec elle, est une œuvre utile en ces temps où tout se mélange. C'est à ce travail de clarification que se livre monsieur KEITA. Il verse ainsi au débat une pièce supplémentaire de grande qualité.

C'est en spécialiste de sociologie politique que monsieur KEITA nous livre des éléments de compréhension de la situation actuelle. Et c'est tant mieux, car il aurait pu, comme beaucoup de Sénégalais aujourd'hui, laisser son affect guider sa plume. Il a su éviter cet écueil. Il est resté sur l'analyse du marché politique au Sénégal plus que sur la candidature de monsieur WADE à un troisième mandat à la tête du Sénégal. Et c'est tant mieux. Parce que s'il reste vrai, et même souhaitable, que chaque Sénégalais peut s'emparer de ce débat hautement démocratique, il peut être dangereux de se livrer à des amalgames qui créent la confusion, conduisant ainsi à ces dérives que nous dénoncions plus haut.

Le Sénégal est un pays qui compte un nombre impressionnant de femmes et d'hommes de grande valeur. Ils l'ont prouvé depuis de longues décennies à travers l'Afrique et le reste du monde. Le Sénégal n'a pas été considéré comme une vitrine de la démocratie en Afrique pendant des décennies par hasard. C'est parce que ses filles et ses fils ont été jusqu'ici à la hauteur de la situation à chaque moment crucial de son histoire. Et un moment crucial sera encore vécu en ce premier trimestre de 2012. Malgré toutes les cassandres et autres oiseaux de mauvais augure, je n'ai pas le moindre doute sur le fait qu'une fois encore, les filles et les fils de ce pays seront à la hauteur. Parce que le Sénégal est le bien commun de tous les Sénégalais. La défense de sa démocratie incombe à tous ses enfants. Et jamais la conscience de ce devoir n'a été aussi profonde pour chacun d'entre eux !

M. Mady DANFAKHA
Janvier 2012

INTRODUCTION

Le marché politique sénégalais a traversé plusieurs phases depuis l'indépendance. D'abord, le parti unique – sous le sceau de Léopold Sedar Senghor en tant que président de la République et Mamadou Dia comme président du Conseil – a fonctionné avant qu'une réalité de *leadership* fasse éclater une crise entre les deux hommes. Le 14 décembre 1962 a été le point culminant de cette crise, suite à un dépôt d'une motion de censure contre le gouvernement présidé par Mamadou Dia, qui s'est soldée à l'avantage de Senghor. Ce dernier lui reprochait une atteinte au bon fonctionnement des institutions en empêchant l'Assemblée nationale de se réunir pour examiner la motion de censure. Le 18 décembre 1962, le président du Conseil est arrêté pour tentative de coup d'État contre Senghor. Ensuite, le Sénégal est passé des courants de pensée des années 70 au multipartisme intégral dans les années 80.

La Constitution de 1960 prévoyait déjà le multipartisme dans ses Articles 2 et 3. Les partis et groupements politiques concourent à l'expression du suffrage. Ils se forment et exercent leur activité dans les conditions déterminées par la loi. Ils doivent respecter les principes de la souveraineté nationale et de la démocratie et instituent dans le même temps l'élection du président de la République au suffrage universel. Le multipartisme n'a jamais été toléré en pratique avant la reconnaissance des courants de pensée.

Il aura fallu attendre le 31 juillet 1974 pour que le PDS (Parti démocratique sénégalais) soit autorisé et février 1976 pour le RND (Rassemblement national démocratique). L'existence légale du RND fut limitée dans le temps en réponse au rejet du recours pour excès de pouvoir du gouvernement de lui avoir attribué d'office le courant communiste par un arrêt du 7 janvier 1978 de la Cour suprême.

L'Article 3 de la Constitution est modifié par les Lois n° 76-01 du 19 mars 1976 et n° 76-26 du 6 avril 1976 en limitant les partis politiques à trois. Les partis sont censés concourir à « l'expression du suffrage » représentant les courants de pensée, avec la confirmation du courant « socialiste et démocratique » accaparé de plein droit par le Parti socialiste. Le courant « libéral et démocratique » attribué d'office au PDS et le courant « marxiste-léniniste » imposé au PAI (Parti africain de l'indépendance). La Constitution est de nouveau modifiée par la Loi n° 78-60 du 28 décembre 1978 reconnaissant un quatrième courant, le courant conservateur, représenté par le Mouvement républicain sénégalais.

L'arrivée au pouvoir d'Abdou Diouf en 1981 a transformé le paysage politique grâce au multipartisme intégral du 24 avril de la même année. Cela a eu pour conséquence une prolifération anarchique des partis politiques.

Abdou Diouf avait besoin de légitimer son pouvoir. La solution la plus simple était de déclencher le multipartisme intégral afin d'amoindrir les critiques liées à la façon dont il était arrivé au pouvoir par le biais d'une modification constitutionnelle. L'opposition le qualifiait de président de l'Article 35, car si son pouvoir était légal dans la mesure où il le tirait de la validité de la Constitution, il n'était nullement légitime parce qu'il le détenait, non pas de la volonté du peuple, mais de celle du Président Senghor.

Pour le pouvoir est considéré comme légitime tout gouvernement établi conformément aux règles constitutionnelles en vigueur au moment de sa mise en place.

La légalité et la légitimité : deux notions importantes en démocratie. La première, relative au processus par lequel un homme politique accède au pouvoir conformément à la Constitution, implique en second lieu l'adhésion du peuple dans le choix de l'homme politique à qui cela confère la légalité et la légitimité nécessaires à son pouvoir.

Cette modification avait un tout autre objectif que celui de correspondre à l'évolution des institutions.

Article 35 Alinéa 2 de la Constitution de 1963 : *« En cas de décès ou de démission du président de la République ou lorsque l'empêchement est déclaré définitif par la Cour suprême, le Premier ministre exerce les fonctions de président de la République jusqu'à l'expiration normale du mandat en cours. Il nomme un nouveau Premier ministre et un nouveau gouvernement dans les conditions fixées à l'Article 43 ».*

Or, la Constitution a fait l'objet de modifications à mi-mandat dans le but de faire du Premier ministre son successeur afin de lui permettre d'assoir son pouvoir et achever le mandat de Senghor avant de solliciter ultérieurement le suffrage des Sénégalais. La Constitution était ainsi rédigée avant sa modification :

Article 33 : *« Le Président de la République est suppléé par le Président de l'Assemblée nationale en cas de décès, de démission ou d'empêchement. »*

Article 26 : *« Le scrutin pour l'élection du président de la République a lieu quarante-cinq jours au plus et trente jours au moins avant la date de l'expiration du mandat du Président de la République en fonction ou si la présidence est vacante par décès, démission ou empêchement définitif, dans les soixante jours de la vacance.* »

L'Article 26 avait pour but de conférer la légitimité du fait de la loi à celui qui venait à suppléer le président en cas de décès, de démission ou d'empêchement définitif.

Le président Abdou Diouf conscient du caractère peu démocratique de la manœuvre de l'Article 35 de la Constitution de 1963 – Loi n° 76-27 du 6 avril 1976 portant révision constitutionnelle citée ci-dessus – a procédé à sa modification pour la rétablir dans une version quasi identique à celle d'avant 1976 dans son Article 33 Loi n° 83-55 du 1^{er}mai 1983.

Article 33 : il s'agit de confier au président de l'Assemblée nationale la suppléance du président de la République en cas de démission, d'empêchement ou de décès de celui-ci. Le président de l'Assemblée nationale devient donc le deuxième personnage de l'État. Au cas où lui-même serait empêché, la suppléance serait assurée par l'un des vice-présidents de l'Assemblée nationale dans l'ordre de préséance.

C'est pourquoi la Constitution prévoit qu'en cas de vacances de nouveau scrutin dans un délai incompressible en son Article 26, l'intérim est assuré pendant une période déterminée, le temps qu'une élection au suffrage universel confère une nouvelle légitimité, soit à l'intérimaire s'il est candidat, soit à un autre.

Abdou Diouf a admis implicitement que cette légitimité lui avait été octroyée par la volonté du Président Senghor et non par le peuple. Il a lui-même raconté que Senghor avait confié à son épouse Élisabeth Diouf qu'il souhaitait transmettre le pouvoir à Abdou Diouf.

« *Je me souviens de ces journées d'étude du parti socialiste. Moi, je sentais déjà ce qu'il allait faire. Je vous ai raconté la confidence qu'il avait faite à mon épouse en 1963 déjà, en lui disant : il faut soutenir votre mari, il est très bien. D'ailleurs, c'est à lui que je pense pour ma succession. Vous vous rendez compte ? J'avais 28 ans et il pensait déjà à moi pour sa succession. Ma femme me l'a raconté, mais nous ne l'avons dit à personne. Nous l'avons raconté beaucoup plus tard. Donc, je voyais un peu les choses qui se dessinaient. »*[2]

D'une façon définitive, l'élection de 1983 a permis à Abdou Diouf de légitimer son pouvoir, car c'était son point faible au moment de son accession au pouvoir.

Le renouvellement de son mandat en 1988 a été des plus agités face à la coalition Sopi menée par Me Abdoulaye Wade. La situation politique était tellement explosive à cause des irrégularités électorales – selon l'opposition – que la contestation et les émeutes qui suivirent lui valurent un séjour en prison tout comme à Ousmane N'Gom et Amath Dansokho,. L'opposant Abdoulaye Wade a sans aucun doute contribué au renforcement de la démocratie dans une opposition sans concession au pouvoir de Senghor et d'Abdou Diouf. Malheureusement, son opposition a abouti à son entrée dans le gouvernement présidentiel élargi avec certains de ses colistiers et des *leaders* politiques de sa coalition.

Pourtant, quelques mois avant, il contestait l'élection du président Abdou Diouf.

Son entrée au gouvernement en avril 1991 a jeté un discrédit sur la sincérité de son opposition et sa prétendue victoire. C'est ainsi que Maître Wade occupera le poste de ministre d'État auprès du président de la République dans ce gouvernement. Ousmane N'Gom est nommé ministre du Travail et de la Formation professionnelle. Jean Paul Diaz est nommé ministre de l'Intégration économique africaine. Amath Dansokho est nommé ministre de

---

[2] Colloque intitulé : « Léopold Sedar Senghor, Orphée noir, avocat de la langue française et père de la francophonie. » Le 7 octobre au siège de l'OIF à Paris

l'Urbanisme et de l'Habitat et Abdoulaye Bathily est nommé ministre de l'Environnement.

L'on peut poursuivre une cause, un idéal, peu importe que l'on y parvienne ou non, l'essentiel est de s'être battu pour une chose à laquelle on croit et ainsi, l'on devient un symbole.

Tels Kwame Nkrumah du Ghana, Mandela en Afrique du Sud, Aline Sitoé Diatta au Sénégal ou Yasser Arafat en Palestine qui sont devenus les symboles d'une lutte.

John Fitzgerald Kennedy résume cette idée dans sa célèbre citation : *« Ne demandez pas ce que votre pays peut faire pour vous. Demandez ce que vous pouvez faire pour votre pays ».*

Pourtant, l'arrivée au pouvoir de Me Wade a suscité beaucoup d'espoir et d'engouement au sein de la population, générant ainsi une forte adhésion à l'homme et son programme.

Son deuxième mandat a révélé les failles de l'homme et une mauvaise gestion d'une partie de la réalisation de sa politique publique (les coupures intempestives d'électricité et les inondations récurrentes dans certaines zones).

La révision constitutionnelle avortée que Wade souhaitait engager a fait l'objet de vives réactions. Elle pouvait constituer une atteinte à la démocratie en empêchant toute alternance d'une part, et visait à une transmission anticipée du pouvoir d'autre part.

Lorsque l'on a l'obsession du pouvoir et que l'on finit par y accéder, il peut être source de confiscation au mépris des fondements de la démocratie.

C'est pourquoi il serait temps que de nouvelles personnalités politiques émergent au sein de certains partis politiques afin de donner une autre ambition au Sénégal. L'échéance présidentielle de 2012 fera l'objet de toutes les attentions, notamment en ce qui concerne la recevabilité de la candidature de maître Abdoulaye Wade.

« L'objectif de ce travail est de comprendre comment les électeurs se situent par rapport aux diverses sollicitations des hommes politiques ou partis politiques, en fonction du bilan des sortants et des projets des prétendants. »

LE MARCHÉ POLITIQUE AU SÉNÉGAL

D'après une opinion courante, les élections ne sont qu'un domaine d'incohérence et de fantaisie. En observant à la fois de près et de haut, je suis arrivé à une conclusion contraire.si, selon le mot de Goethe, « l'enfer même a ses lois », pourquoi la politique n'aurait-elle pas les siennes ? »

Cette affirmation d'André Siegfried dans le tableau politique de la France de l'Ouest sous la Troisième République (publié en 1913) signe l'acte de naissance de la sociologie électorale.

Il y a plusieurs manières d'évoquer la notion de marché. Avant de considérer celle qui nous paraît la plus stricte, je m'arrête un moment sur une manière qui a, en ce moment, une certaine vogue, mais qui me paraît difficile à admettre. C'est l'expression de marché politique proposée par ceux qui se nomment les nouveaux économistes, notamment Jean-Jacques Rosa et Henri Lepage. J'ai l'impression qu'il s'agit ici davantage d'images, d'analogies, de ressemblance, que d'applications véritables des mêmes outils d'analyse.»

Henri Guitton, *De l'imperfection en économie*, 1979, Paris, Calmann-Lévy.

L'existence de partis politiques entrant en compétition pour la conquête et l'exercice du pouvoir apparaît aujourd'hui comme l'un des traits fondamentaux de la démocratie. Pour qu'un parti puisse espérer exercer le pouvoir ou y participer, il faut qu'il soit capable de faire face à la concurrence dans la mesure où celle-ci renforce le pouvoir des électeurs dans leur choix parce que la production de biens politiques n'a de valeur que si elle est acceptée par les électeurs.

Sur le marché, les candidats à la représentation font des propositions équivalentes à l'offre face à la demande que constituent les besoins et les aspirations des électeurs. Daniel Gaxie définit le marché politique comme « *Le lieu abstrait où l'offre des biens politiques : discours, analyses, programmes, doctrines, références, engagements, promesses de politiques publiques, etc., rencontre les consommateurs intéressés par des biens offerts et qui sont prêts à en payer le prix sous la forme de vote. Ce sont des systèmes de rapports de force et de relations de concurrence dans lesquels les entrepreneurs mettent en œuvre des capitaux et des stratégies pour se démarquer des entreprises rivales, s'implanter sur le marché, offrir de nouveaux produits, trouver des acheteurs, créer de nouveaux débouchés et fidéliser leur clientèle.* »[3]

C'est grâce aux partis, dans leurs activités de propagande et de mobilisation, que les citoyens peuvent donner un sens à une élection ou mesurer les conséquences. L'électeur se fera une idée parmi les solutions proposées par ces partis. Plus un électeur se sent proche d'un candidat, plus il aura de chances de voter pour lui. Les programmes peuvent entraîner un choix spontané des électeurs, un choix différé ou au contraire, un rejet de la politique.

Le vote est un droit pour chaque citoyen et ce droit ne peut être exercé que personnellement. C'est plus précisément ce droit de suffrage, et ceux ou celles qui demandent le concours de ce suffrage, qui fera l'objet de notre réflexion, à savoir le marché politique.

---

[3] D. Gaxie, *Enjeux municipaux*, Paris, PUF, 1984, p. 30 et s.

L'opposition entre les sortants et les prétendants se place sur la question de l'offre et de la demande. Les programmes électoraux sont de plus en plus des inventaires des besoins des électeurs.

Même si les électeurs répondent aux sollicitations des partis politiques (marches et manifestations contre les coupures d'électricité, les inondations, les tentatives d'introduction du ticket présidentiel), ils acceptent mal le décalage entre la réalité et les possibilités offertes. Ils sont amenés à critiquer les discours et les grandes lignes des programmes (ces derniers ne sont pas suffisamment expliqués).

Ces constats politiques sont révélateurs d'un double phénomène de concurrence des hommes et des idées qui transforment le rêve des Sénégalais en réalité économiquement et socialement applicable.

L'élection représente le moment clé de la vie politique et la campagne électorale organise ce temps fort pendant lequel les candidats s'affrontent dans le but d'exercer ou de participer au pouvoir.

L'affrontement se fait sur la base des propositions de chaque candidat. Le programme des uns et des autres est censé apporter un éclairage dans la perception de l'offre politique et fixe les enjeux qui peuvent évoluer dans le temps. C'est ainsi que les partis fournissent des points de repère et contribuent à la formation des opinions dont le vote est l'élément central.

C'est l'implication de chaque citoyen qui peut faire bouger les choses.

Le discours politique véhicule des contenus extrêmement variés selon le contexte conjoncturel dans lequel il s'inscrit et le public auquel il s'adresse. Formuler des programmes et présenter un projet de société relève des exigences incontournables d'un discours politique qui vise à mobiliser.

Les candidats potentiels sillonnent le pays en recensant les demandes et besoins de la population et en les transformant en programmes ou propositions : lutte contre le chômage, politique énergétique et environnementale, éducative, sécuritaire et de bien-être. Ils adaptent ensuite leurs discours à la conjoncture politique du moment.

Comme le soulignait Jacques Attali, « *Le nombre de voix est donc un concept équivalent à celui de prix dans la théorie économique, l'un et l'autre étant un signal de décision, au sens de la théorie de l'information.* »[4]

À l'approche des élections, les gouvernements sont très souvent amenés à favoriser certaines politiques économiques et sociales au détriment d'autres, suivant avec attention les signes positifs qu'elles peuvent produire en période électorale.

Les électeurs jugent le parti ou les partis du gouvernement sur leurs actions et si elles ont tenu compte de leurs intérêts de tous les jours.

L'hostilité des électeurs qui sont déçus du gouvernement est détournée par l'opposition qui tente de les faire adhérer à ses causes.

La déception qui fait suite aux promesses non tenues ainsi qu'un bilan peu encourageant du gouvernement peuvent faire basculer l'élection. Néanmoins, cela dépend de la capacité de l'opposition à développer un projet alternatif pour le pays. Les opinions peuvent évoluer si l'information qui leur parvient est suffisamment claire et les incite à réfléchir avant de faire un choix.

Toute la stratégie de l'opposition est basée sur la critique du président et de son fils Karim Wade. C'est une tradition démocratique sénégalaise « moins on propose, plus on critique ». Avant c'était Senghor et Abdou Diouf,

---

[4] J. Attali, *Analyse économique de la vie politique*, PUF. 1972, p.134.

puis Abdou Diouf et Jean Colin et maintenant, Abdoulaye Wade et son fils Karim.

Il s'avère que l'accumulation d'attentes déçues dans notre pays a créé une nouvelle vision de la politique.

L'OFFRE POLITIQUE

Chaque candidat fait son choix quant aux orientations maîtresses de la campagne. Soit il critique le bilan des sortants ou les propositions des prétendants, soit au contraire, il explique son programme.

Le candidat choisit des thèmes majeurs, surtout ceux qui sont jugés importants par les électeurs, pour se faire entendre, mais il axe également sa campagne sur des domaines dans lesquels il jouit aux yeux des citoyens électeurs d'une supériorité sur ses adversaires.

Avant la campagne électorale, l'activité des formations politiques est de recenser les demandes ou besoins des citoyens électeurs et de les transformer, en les hiérarchisant, en programmes politiques.

La stratégie des hommes politiques consiste à privilégier les thèmes à traiter en fonction des problèmes tels qu'ils sont perçus par l'opinion du moment. Les partis politiques les transforment ensuite en offres politiques.

L'offre politique a pour vocation de devenir une réalisation de politique publique ou une politique incitative pour le secteur privé.

D'une façon générale, le comportement politique est lié à la contrainte de la configuration politique du moment, le nombre de candidats, les alliances, le degré de popularité des candidats des partis majoritaires, la dispersion des électeurs sur des candidats non engagés dans une quelconque alliance et dont les chances d'élection sont limitées, et les coalitions gouvernementales éventuelles que le marché politique imposera.

Ce dernier est caractérisé par trois éléments essentiels : l'idéologie du candidat, son image et le programme qui lui permettent de solliciter le suffrage des citoyens électeurs.

S'y ajoute un quatrième élément, mais non des moindres qui est la perception supposée ou avérée qu'ont les électeurs de la capacité des candidats à réaliser leurs programmes.

En période électorale, doctrine, programmes ou simples thèmes de campagne véhiculent en effet des messages qui serviront de référence, non seulement aux militants du même parti, mais également à leurs électeurs ou sympathisants.

1. LE PROGRAMME

Pendant la campagne, chaque candidat semble décider à s'attaquer vigoureusement aux préoccupations qui semblent aux yeux de beaucoup d'électeurs les plus importantes et les plus urgentes. Comme le montre très bien Pierre Bourdieu, « *Le langage d'autorité ne gouverne jamais qu'avec la collaboration de ceux qu'ils gouvernent, c'est-à-dire à l'assistance des mécanismes sociaux capables de produire cette complicité.* »[5]

Lorsque le candidat à la représentation s'adresse à ceux dont il a ou espère le soutien, il met l'accent sur ce que les électeurs attendent de plus.

Les thèmes économiques sont plus difficiles à traiter au cours des campagnes électorales. Les candidats préfèrent les aborder par leurs aspects les plus immédiatement perceptibles, notamment en référence aux conditions de

---

[5] P. Bourdieu, *Ce que parler veut dire*, Paris, Fayard, 1982 p.113

vie, de travail, de santé, de logement, de transport et de voirie.

Par exemple, si l'on en croit F. Barnes, « *Les principaux facteurs influençant le résultat d'une élection seraient dans l'ordre : le candidat, l'environnement politique, l'humeur politique du moment, l'argent et enfin, les consultants.* »[6]

Le programme doit être économiquement crédible et socialement possible : le secteur informel dans notre pays fait vivre un grand nombre de familles. Comment règlementer et redynamiser ce secteur ?

Les candidats parlent à leur public dans une relation de dépendance étroite à l'égard de l'actualité. Constamment, les candidats de l'opposition sont amenés à réagir, commenter, juger, mais ils donnent en même temps une impression de solidarité et de cohérence. Ils s'adaptent à l'évolution de l'opinion : les émeutes en réponse aux coupures intempestives d'électricité, la recevabilité d'une éventuelle candidature du président, le ticket présidentiel, les fonds taïwanais qui sont autant d'exemples de proximité supposée avec le peuple.

L'on parlera aux fonctionnaires des augmentations de salaire et des conditions de travail, aux agriculteurs des prix des semences, aux femmes de la condition féminine et aux ouvriers, de meilleures conditions de travail et de salaires. Aux chômeurs l'on parlera de l'emploi, aux étudiants de leur avenir et à l'ensemble des Sénégalais, des travaux d'amélioration de la mobilité urbaine. Dans cette lutte que se livrent les candidats pour imposer une perception favorable de leur personnalité, ils focalisent leur attention sur ce qui est dynamique. Ce sont souvent des indicateurs mobilisateurs et d'autres, comme

---

[6] F. Barnes, « Le mythe des consultants politiques », in dossier présidentiel, 1988, n° 9, *Médias, Pouvoirs*, janv./mars, 1988, pp. 141-152.

l'augmentation des impôts et des cotisations sociales ou le prix des denrées alimentaires, sont immédiatement refoulés.

Les candidats mettent en avant tous leurs talents d'équilibristes pour résoudre ce paradoxe : « nous améliorons vos conditions de vie sans augmenter vos impôts ».

L'électeur effectue son choix en fonction des préférences, motivations ou contraintes quelconques qui constituent des caractéristiques de nature subjective, mais propres à chaque électeur ou catégorie d'électeurs.

Comme le fait remarquer Descartes, *« La puissance de bien juger et distinguer le vrai d'avec le faux qui est proprement ce qu'on nomme le bon sens ou la raison est naturellement égale en tous les hommes ; et ainsi que la diversité de nos opinions ne vient pas de ce que les uns sont plus raisonnables que les autres, mais seulement de ce que nous conduisons nos pensées par diverses voies et ne considérons pas les mêmes choses. »*[7]

Chaque candidat choisit le type de campagne le plus approprié. Il opte pour le ton polémique qui consiste à accorder une large place dans la campagne à son ou ses adversaires, à les critiquer, à répondre ou ignorer leurs attaques ou à ne parler que des problèmes et des solutions à apporter.

Plus l'échéance approche et plus les comités de soutien s'organisent autour du candidat. Ces comités qui tirent leur valeur du nombre et de la moralité de certains de leurs membres issus du monde intellectuel, artistique, religieux et de la société civile.

Les petits partis et comités de soutiens qui gravitent autour du PDS défendent bec et ongles la politique du gouvernement, ils l'expliquent et la justifient en soulignant la faiblesse ou l'absence de projets de l'opposition.

---

[7] R. Descartes, *Discours de la méthode*, Paris, Flammarion. 1966, p.33.

Opposition qui attribue à la majorité l'aggravation des inégalités, la corruption, le chômage, la crise énergétique, les inondations et les enrichissements suspects.

Il est important de souligner que la personnalité qui conduit la campagne peut faire la différence. Il est vrai que le projet est celui d'un parti, mais c'est une personnalité qui l'incarne.

2. LA PERSONNALITÉ DU CANDIDAT

La notoriété des candidats est déterminante dans l'appréciation des électeurs à l'égard de l'homme politique à privilégier son image personnelle et les qualités individuelles qu'il est réputé posséder, et qui lui sont socialement et politiquement reconnues avec ou sans rapport d'appartenance partisane. L'exemple d'Ibrahima Fall est éloquent. Il bénéficie d'une large présomption de confiance, de moralité et d'une compétence qui n'est plus à démontrer. Son objectif devrait, de ce fait, se faire connaître des citoyens et pas seulement du milieu intellectuel.

Tout comme le jeune Cheikh Bamba Dièye, le candidat du Front pour le socialisme et la démocratie (Fsd/Bj) inspire confiance du fait de la solidité de ses convictions.

La prestance et la silhouette d'un candidat sont des atouts majeurs ou un plus dans une compétition de ce niveau. Cela ne doit nullement remettre en question la compétence du candidat, car c'est l'élément le plus important.

Certains candidats parviendront à se doter d'un électorat personnel qui déborde les frontières de leur famille politique et leur image doit être suffisamment forte et reconnue pour mobiliser des électeurs d'appartenance politique différente, voire opposée, dans la mesure où leur personnalité est porteuse d'espérance.

La déclaration surprise de la candidature de Youssou N'Dour à la présidentielle de 2012 risque de bouleverser un peu plus le paysage politique. L'audience importante dont il bénéficie au Sénégal et à l'international fait de lui un candidat redoutable, susceptible de faire peser une incertitude sur cette élection. Car, on s'attend à ce qu'il investisse des capitaux qui sont rattachés à sa personne : son réseau de relations sociales, son nom, et ses ressources monétiques.

Cependant, son manque d'expérience pose un problème de taille, il la justifie par le fait que « la présidence est une fonction et non un métier ».

Or, toutes les fonctions qui émanent des élections se sont professionnalisées avec un langage propre, qui donne des facilités aux hommes politiques pour conquérir le pouvoir.

En s'appuyant sur la lecture de Max Weber qui a proposé un cadre d'analyse le plus adapté à la complexité de ses notions dans (le savant et le politique), l'apparition de politicien professionnel « qui ne vivent pas seulement de politique mais de la politique » est contemporain de l'État moderne. Une activité de plus en plus spécialisée dans la lutte pour le pouvoir à l'intérieur de l'État se développe alors. Les hommes politiques sont détenteurs « une compétence particulière » dans la mesure où ils manient le langage et les règles propres à cette lutte : la politique devient une « carrière »[8].

Le candidat qui a une personnalité connue et reconnue par les électeurs jouit d'une notoriété et d'un certain prestige. Elle est souvent appréciée sur des critères autres que son étiquette ou son affiliation, même si cette dernière a pu lui permettre d'être le porte-drapeau du parti qu'il

---

[8] M. Weber, *Le savant et le politique* (trad.), Paris, Plon, réed. 1979, p. 102.

représente, et même si ce principe peut être brouillé du fait que les *leaders* politiques sont créateurs et candidats de leurs partis.

Les procédures de sélection des candidats varient selon les statuts des partis qui accordent aux militants de base des droits plus ou moins étendus. L'on sait cependant que les dirigeants sont très souvent en mesure de contrôler les instances de décisions censées les élire ou les confirmer. Dans les grands partis, pour le choix des dirigeants nationaux, la consécration à ce niveau est la condition d'accès aux plus hautes fonctions de l'État.

L'image personnelle, la disponibilité, la capacité d'écoute et l'aptitude à traiter et apporter des solutions aux problèmes qui se posent peuvent être un avantage dans l'appréciation qu'ont les électeurs d'une candidature.

C'est pourquoi lorsqu'un candidat sait qu'il jouit d'une notoriété et d'une image plus grandes que celle de ses adversaires, il essaie de présenter la campagne comme une compétition entre des hommes plutôt que des idées.

L'étiquette politique revêt un sens d'autant plus net qu'elle renvoie à une échelle sur laquelle les partis se situent ou sont situés les uns par rapport aux autres. Les électeurs se situent sur cette échelle ou par rapport à elle et ils se considèrent comme socialistes, communistes ou libéraux.

3. IDÉOLOGIE

Une grande controverse règne autour de la notion d'idéologie abondamment utilisée dans des contextes extrêmement variés. Elle appartient notamment au langage des historiens, des philosophes, des politologues ou des sociologues. La grande diversité des idéologies pose un problème de définition qui convienne à tous.

Comme le fait remarquer J. Baechler, « *l'idéologie, par définition, intervient à partir du moment où au moins deux projets d'ordre entrent en concurrence. Une proposition quelconque peut toujours servir à un usage idéologique, pour peu qu'on lui injecte une dose quelconque d'intention politique.* »[9]

Les électeurs s'identifient à un parti sur l'échiquier politique dont ils partagent une certaine vision. Comme le disait Guy Michelat, il s'agit surtout de créer au moins l'illusion de croyances communes entre des citoyens qui portent les mêmes aspirations. Les électeurs se considèrent comme socialistes ou libéraux, voire écologistes. La confrontation entre libéraux et socialistes est centrée en principe sur le périmètre de l'État, c'est-à-dire sur la façon et les moyens avec lesquels l'État doit intervenir pour compenser, soit les inégalités, soit libérer les énergies génératrices de croissance.

Pour les uns il faut libérer les initiatives et mettre l'accent sur davantage de responsabilités et de libertés et il faut également privatiser les entreprises publiques. Pour les autres, qui sont partisans en théorie des valeurs que sont le service public et la redistribution, il ne faut pas parler de privatisation des services publics. À l'évocation des politiques de restructuration structurelle imposées par les bailleurs de fonds pour justifier le désengagement de l'État dans les années 80-90, Abdou Diouf utilisait la formule « *moins d'État mieux d'État* ».

L'on relève de nombreux désaccords sur l'importance qu'il convient d'accorder à certains aspects de l'économie et sur la tactique à employer pour réaliser les objectifs souhaités.

Les sociologues sénégalais ont un vaste chantier pour tenter d'identifier d'éventuelles corrélations entre le

---

[9] J. Baechler, *Qu'est-ce que l'idéologie ?*, Paris, Gallimard, pp. 48-60.

positionnement idéologique que les Sénégalais s'attribuent sur l'échiquier politique grâce aux enquêtes empiriques.

Tous ceux qui se rangent dans l'une ou l'autre de ces forces politiques se considèrent comme seuls détenteurs de la solution politique, sociale et surtout économique du Sénégal.

Selon les libéraux, il faut donc mettre l'accent sur davantage de libertés et moins d'État, en opposition aux socialistes où l'accent est mis sur davantage d'État et de justice sociale. C'est autant de dissensions sur l'importance qu'il convient d'accorder à certains aspects de l'économie et les moyens nécessaires à la réalisation d'une économie dynamique.

L'importance d'un positionnement politique sans ambiguïté est nécessaire pour que les citoyens se fassent une opinion sur les intentions des uns et la réalisation des autres.

Comme le faisait remarquer Bongrand, *« L'homme politique idéal est donc réputé être celui qui se trouve en adéquation, à un moment donné, avec les attentes du public et de la société telles qu'elles résultent du contexte culturel et politique. »*[10]

---

[10] D. Bongrand, *Marketing et communication politique*, Paris, PUF, 1979, p. 52.

L'ATTENTE DES CITOYENS

L'attente de l'opinion concernant la question de la corruption est immense. C'est pourquoi l'on comprend aisément que l'exigence civique pour la majorité des électeurs, mais également le respect de l'engagement électoral, fassent partie des remèdes pour restaurer la confiance entre les élus et les électeurs. Les citoyens montrent clairement combien la corruption et le manque de confiance sont liés dans la perception qu'ils ont des hommes politiques.

L'électeur adapte son choix conjoncturel en fonction des problèmes économiques et sociaux. Pour cela, il module ses intérêts dans la gestion de son quotidien et évoque ses préoccupations dans son discours de tous les jours : concernant les matériaux de construction, le prix du ciment est passé du simple au double en dix ans pendant qu'une nouvelle usine de ciment a été créée. Où est la concurrence ?

Au même moment, l'on assiste à une forte demande intérieure avec les grands travaux. Pourquoi n'y a-t-il pas eu de commission d'enquête parlementaire pour comprendre la justification économique de ces augmentations successives ? L'on peut en déduire qu'il y a eu, soit une entente entre les cimentiers SOCOCIM et Ciments du Sahel, soit qu'il existe une connivence entre eux et le pouvoir public.

Au même moment, le gouvernement lance le concept « une famille, un toit » et là encore, c'est de la poudre aux yeux, un leurre.

Par ailleurs, avant que l'autosuffisance ne soit effective dans notre pays, pourquoi ne pas contrôler suffisamment les filières d'importation du riz, ainsi que les contrats signés entre l'État et les sociétés de pêches étrangères ?

Faire face aux prix des denrées de première nécessité constitue un défi à relever tous les jours pour la majorité des Sénégalais.

Des services de santé performants et accessibles, une fourniture continue de l'électricité et la transparence dans l'attribution des marchés publics constituent donc une véritable demande de la majorité des citoyens et des entreprises.

Je suis partisan des grands travaux, car cela pourrait relancer l'économie, à condition de s'occuper d'abord des Sénégalais victimes d'inondations et qui méritent également de vivre dans un environnement sain qui est une façon de ne pas rompre l'égalité entre les citoyens.

Le développement n'est pas synonyme d'embellissement de Dakar. Il faut penser à développer d'autres villes pour augmenter l'attractivité au niveau local en termes d'investissements. Si rien n'est fait dans un avenir proche, la majorité des Sénégalais risque de vivre à Dakar, avec toutes les conséquences en termes d'environnement, de logement et d'insécurité que cela implique.

Sur le marché politique, la majorité des électeurs attend de l'application des politiques publiques une amélioration de leurs conditions d'existence. Il y a également des électeurs qui exercent leur droit de vote sans attendre une contrepartie à leur participation, mais tout simplement pour remplir le rôle de citoyen qu'ils ont intériorisé.

1. BILAN RÉSUMÉ DE WADE

Il serait intellectuellement malhonnête d'affirmer que le président Abdoulaye Wade n'a rien fait au cours de ces deux mandats : le Programme d'amélioration de la mobilité urbaine, le monument de la renaissance africaine, la case des tout-petits, la loi sur la parité, les créations d'universités, la réfection du pont Faidherbe, l'aéroport Blaise Diagne et l'autoroute à péage Dakar-Diamniadio.

Concernant la parité, il aurait été préférable – à mon sens – de passer d'abord par l'égalité hommes/femmes. Cela aurait permis à ces dernières de rattraper leur retard, notamment au niveau social, économique et politique.

Ce sont autant de réalisations pour le pays qui doivent être inscrites à l'actif du président Wade.

Cependant, certains de ces chantiers suscitent encore des débats qui cela démontrent la vivacité de la démocratie.

Le développement passe par la fluidité des moyens de communication entre les acteurs économiques, notamment dans la maîtrise des nouvelles technologies de l'information. La Sonatel est un bel exemple en la matière. Cependant, la crise énergétique de l'électricité empêche cette fluidité, car une fourniture régulière est un gage de développement dans un pays stabilisé politiquement et sécurisé juridiquement.

La distribution défaillante de l'électricité freine l'économie du pays et lui fait perdre des points de croissance. Le service public chargé de la distribution d'électricité crée une nouvelle inégalité entre les citoyens : entre ceux pouvant s'offrir des groupes électrogènes et la majorité des Sénégalais, entre les habitants des quartiers résidentiels et ceux des quartiers périphériques et entre les petites, moyennes et les grandes entreprises. Certaines professions sont laminées par ces coupures d'énergie, notamment les menuisiers, les coiffeurs, les couturiers, etc.

Un jeune chef d'entreprise confiait qu'il était obligé de naviguer entre son bureau et son domicile en fonction du lieu de disponibilité de l'électricité. De plus, la durée de vie des appareils électroménagers est mise à mal.

Samuel Sarr, ministre de l'Énergie, a indiqué dans *La dépêche diplomatique* (avril 2010) que « *Senghor et Abdou Diouf avaient peur de l'argent. En fait, ils ne connaissaient pas les mécanismes de la finance moderne pour monter des projets d'envergure et trouver le moyen de leur donner corps.* »

Pour quelqu'un qui connaît les finances, recourir au crédit *revolving* dans le cadre du rachat de la centrale GTI (Greenwich Turbine Inc., fournisseur indépendant d'électricité) est plus qu'inquiétant. Par ailleurs, plusieurs fonds ont été levés sur les marchés. Si les précautions ont été prises, c'est une bonne chose. Dans le cas contraire, il faut veiller à ce que le pays ne soit pas un jour au bord de la cessation de paiement. L'exemple grec est récent en la matière.

Si le gouvernement, à travers son ancien ministre Samuel Sarr, avait fait attention aux taux d'intérêt avant d'engager dans une opération financière hasardeuse la Senelec qui était déjà dans un gouffre.

Les finances ont beaucoup évolué et sont devenues plus sophistiquées en comparaison avec l'époque de Senghor et Abdou Diouf. J'espère que Djibo Kâ ou Moustapha Niass pourront apporter plus d'informations, car ils ont été témoins et acteurs de ces trois périodes.

Par ailleurs, la diversification télévisuelle constitue une avancée démocratique voulue par Abdoulaye Wade. Cependant, cette diversification n'est pas à l'abri de critiques, notamment en ce qui concerne les groupes de médias qui sont détenus à 100% par certaines personnalités et qui peuvent être la source de manipulations de l'opinion ou de connivence avec le pouvoir. Cette hypothèse ne peut être écartée totalement, même si ce n'est pas le cas aujourd'hui.

2. Les projets de l'opposition : une synthèse programmatique de quelques candidats

« Projet pour le Sénégal » : Les grands axes du programme de gouvernance d'Idrissa Seck.[11]

« Un État moderne, dynamique, efficient, de taille réduite »

Son gouvernement aura comme priorités les missions suivantes : *« Sécuriser le territoire et protéger les citoyens et leurs biens ; garantir leur éducation, leur santé et leur emploi ; redonner confiance à la jeunesse sénégalaise dont je voudrais faire des volontaires du développement ; soutenir les orphelins et nos compatriotes qui vivent avec des handicaps ; instaurer un État de droit ; définir des règles du jeu transparentes et les faire comprendre et respecter par tous ; instaurer une diplomatie de bon voisinage, d'intégration et d'unité africaine ; consolider nos amitiés francophones et instaurer des partenariats gagnant-gagnant avec le reste du monde.*

Première préoccupation : faire revenir la paix en Casamance.

Secteurs prioritaires : agriculture, énergie, télé services et infrastructures. »

Il annonce des ruptures avec la création en parallèle de la Caisse de dépôts et de consignations, d'une « *Caisse de dépôts et de développement* » qui sera « *un fonds souverain alimenté, entre autres, par des recettes tirées de l'exploitation des ressources naturelles* » pour finaliser les secteurs stratégiques : agriculture, énergie, télé services et infrastructures.

« *Une région, 100 milliards* »

À travers le programme « *Une région 100 milliards* », *chaque région aura 50 milliards à injecter dans des infrastructures et 50*

---

[11] Par Barka Isma BA, *Le populaire*, samedi 26 novembre 2011.

autres milliards destinés au financement de l'entreprenariat notamment chez les femmes et les jeunes.

« Vers un système où les juges sont responsables devant un organe crédible et indépendant. »

Déclaration de candidature de M. Ibrahima FALL[12]

« La recherche de la paix en Casamance représente un volet politique majeur de mon programme. Volet dont l'exécution associera toutes les parties prenantes et les bonnes volontés, au premier rang desquelles les ressortissants de cette région, afin de trouver dans les meilleurs délais, une fin définitive à un conflit qui n'a que trop duré.

Le problème national actuel qu'est le chômage massif et sans perspective de solution durable pour les jeunes et les femmes – sans oublier les personnes handicapées – de même que la situation précaire des marchands ambulants et d'autres opérateurs du secteur de l'économie informelle, le sort des enfants dans la rue, l'intégration dans notre système éducatif d'une partie importante de notre jeunesse aujourd'hui marginalisée parce qu'elle a choisi de faire son cursus dans des écoles en langue arabe, sont un autre axe majeur de mon programme.

Face à la situation intolérable d'aggravation de la pauvreté des travailleurs et des ménages réduits à l'indigence en raison, notamment, des prix excessifs et incontrôlés des denrées de première nécessité et de la détérioration des services sociaux de base, mon programme envisage, entre autres aspects d'une politique de lutte contre la précarité d'une part, la réduction des prix grâce à une diminution importante des impôts et taxes opérés par les pouvoirs publics et d'autre part, le respect strict par tous de la baisse et de la stabilisation des prix, sous le contrôle effectif et rigoureux d'un service national du contrôle économique renforcé et rendu opérationnel sur l'étendue du pays, le tout sous la vigilance citoyenne de consommateurs organisés à la base.

---

[12] htt://www.ibrahimafall.com/ibrahima-FALL/declaration

À cet égard, notre approche programmatique du développement agricole privilégie les cultures vivrières et la transformation des produits agricoles en vue d'assurer une autosuffisance et une sécurité alimentaire réelles, notamment concernant le riz.

S'agissant de la grave crise énergique qui plonge notre pays dans l'obscurité et l'insécurité depuis plus d'une décennie et qu'aggravent chaque jour les incohérences d'une politique gouvernementale de tâtonnements qui plombent les activités industrielles et artisanales ainsi que les ménages, par des délestages intempestifs d'un autre âge.

Par ailleurs, l'État met en œuvre une politique de soutien et d'appui de la remarquable contribution de nos compatriotes émigrés à l'amélioration des conditions de bien-être économique et social de leurs familles et leurs communautés d'origine.

La refondation de notre système de gouvernance politique occupe une place centrale dans notre programme, avec la réduction du train de vie de l'État.

Enfin, tout dépositaire de la puissance publique sera soumis à l'obligation de rendre compte de sa gestion, et sur toute autorité supérieure pèsera une obligation de déclaration de son patrimoine à l'entrée et à l'expiration de ses fonctions. »

Extraits-conclusion du programme (2007) de la Coalition populaire pour l'alternative[13]

« Le premier axe est la refondation de la démocratie autour d'une part, du rééquilibrage des pouvoirs entre les institutions et avec les citoyens et d'autre part, de la garantie des droits et libertés.

Le deuxième axe consiste à remettre l'égalité et la solidarité – conditions de la cohésion sociale et de la sécurité – au cœur de l'action politique.

"Minimum national partagé" leur garantissant l'accès à l'eau, à l'éducation, à la santé, à la mobilité et à tous les services sociaux de base.

Le troisième axe est la reformulation d'une nouvelle économie fondée sur une maîtrise des finances publiques et des prix.

---

[13] http://www.socialisme-republiquesn.org/old/spip.php?article337

Le quatrième axe est la création de nouveaux espaces de bien-être.

Le cinquième axe de ce programme est le réarmement moral de notre société autour de valeurs qui conditionnent le progrès : culte du travail, éthique, intégrité morale seront les boussoles de notre lutte contre les contre-modèles et les contre-valeurs.

Le sixième et dernier axe est la foi dans l'intégration africaine

Les onze engagements ne sont donc pas un catalogue de propositions désincarnées, mais bien la marque d'un système de valeurs, d'une conception de l'Humain et de la société dans laquelle nous aspirons à vivre. »

L'Alliance pour la République

« *Congrès d'investiture : Macky Sall déballe son vaste programme.*[14]

Dans les sept prochaines années, Macky Sall envisage la création, entre autres, de 500 000 emplois, d'universités des métiers avec 300 000 apprentis de tous les corps de métiers. »

Et devant ces jeunes et femmes en majorité, Macky Sall a promis « *une bourse de sécurité familiale de 100 000 FCFA par an, la création d'un fonds de garantie sociale de 40 milliards pour faciliter l'accès des femmes aux crédits, un suivi gratuit des femmes enceintes, etc.* ».

Il a structuré son programme de société autour de cinq axes dans lesquels ses priorités restent le développement d'une « *agriculture moderne avec 2 000 milliards de FCFA pour le monde rural* » et « *la résolution définitive du conflit casamançais avec une consultation inclusive de tous les acteurs sociopolitiques* ».

« *Mon programme se concentre sur trois principales priorités : la jeunesse, les femmes et le monde rural. Il s'agit d'apporter une protection, des perspectives et des opportunités d'emplois. Pour les jeunes, je préconise la mise en place d'un programme massif de*

---

[14] http://www.seneweb.com/news/Politique/congres-d-investiture-macky-sall-deballe-son-vaste-programme_n_55627.html

500 000 emplois salariés comme non salariés, une formation technique et professionnelle de qualité en adéquation avec le monde de l'emploi, une réforme des lycées, etc. »

Les cinq fondamentaux PDS [15]

« L'État de droit : démocratie participative, justice droit humain, libertés individuelles et collectives.

La bonne gouvernance, la réduction des inégalités sociales et l'éradication de la pauvreté, la citoyenneté responsable, la réalisation de l'union africaine, la paix dans le monde et le dialogue interreligieux et interculturel.

Et s'appuyant sur cinq leviers : politique économique et financière ; politique d'infrastructures, de décentralisation, de développement local, d'aménagement et de continuité du territoire ; politique de solidarité nationale, de concertation et de dialogue social ; politique culturelle ; politique étrangère, d'intégration africaine et de coopération internationale.

Cinq forces motrices sont identifiées : les femmes, la jeunesse, la diaspora, les acteurs économiques et les 3 P (paysans, pasteurs et pêcheurs).

Pour satisfaire douze priorités : Le monde rural, agriculture, élevage, pêche/sylviculture ; emploi, formation professionnelle, enseignement technique ; éducation santé et prévention ; cadre de vie et bien-être des populations : urbanisme, habitat, environnement, hygiène, salubrité ; Énergie hydraulique : eau et assainissement liquide ; technologie de l'information et de la communication ; tourisme, artisanat et activités culturelles ; sécurité intérieure et extérieure, et protection des personnes et des biens. »

Ces programmes permettent d'éclairer l'opinion sur le bilan des uns et les projets des autres.

Les candidats sont porteurs de projets pour le Sénégal, ils débattent des mesures pour améliorer les conditions d'existence des Sénégalais. Ces débats sont organisés selon

---

[15] http://www.sopionline.com

deux logiques : le bilan des sortants et le projet des prétendants.

L'on peut espérer que les projets des uns et les réalisations passées pèseront davantage sur le choix des électeurs que d'autres considérations plus discutables.

LA PERCEPTION DE L'OFFRE POLITIQUE

Cette perception est par ailleurs très sensible à la conjoncture et notamment au jugement global porté sur l'action du gouvernement par les citoyens et leur image, ainsi que sur celle des partis de l'opposition.

1. SCEPTICISME DES SÉNÉGALAIS QUANT À LA RÉALISATION DES PROGRAMMES POLITIQUES

Les préoccupations des électeurs sont liées à leurs intérêts immédiats, c'est-à-dire tout ce qui touche à leurs conditions de vie : travail, électricité, voirie, inondation logement, santé, éducation, sécurité et prix des denrées alimentaires. Parmi tous ces facteurs, c'est d'abord le facteur travail qui crée une inégalité et une pauvreté extrêmes. Ensuite, le volet énergie qui créé un enchaînement de déceptions chez les Sénégalais – sans électricité le travail de milliers de Sénégalais et d'entreprises ne peut se réaliser.

Pendant la campagne électorale, toute une panoplie de solutions et de bonnes intentions se dégagent, les hommes politiques font rêver les citoyens par de grands discours illusoires, mais après la campagne ils finissent par plonger ces promesses alléchantes dans un état d'hibernation. Tout cela donne l'impression que les programmes ne leur servent à rien d'autre qu'à attirer les suffrages des électeurs.

Malgré les discours démocratiques et égalitaires, la société sénégalaise apparaît comme assez inégalitaire et les inégalités vont en s'accroissant. C'est particulièrement vrai entre ceux qui peuvent s'éclairer et ceux qui ne peuvent pas acquérir de groupe électrogène. L'arrivée du PDS au pouvoir n'a pas permis de réduire ces inégalités.

Les Sénégalais sont touchés de plein fouet par l'aggravation du chômage et des inégalités de toutes sortes. Ils ne cessent de manifester leur mécontentement et leur crainte à l'égard d'une société qui n'est pas capable d'éclairer ses membres. Cela explique le malaise profond de la société sénégalaise. Le chômage des jeunes diplômés, la montée de la violence sont autant d'éléments d'appréciation des électeurs.

Plusieurs facteurs cumulatifs entrent en compte dans la dégradation des conditions d'existence des Sénégalais. Ils ne cessent d'être informés de la multiplication d'affaires de corruption et d'enrichissement personnel, de la dégradation de l'environnement par des inondations, par la pollution des sols, etc. Les manifestations contre les coupures d'électricité et plus récemment le ticket présidentiel ont révélé l'ampleur du mécontentement des Sénégalais.

Tous ces éléments font douter les Sénégalais quant à la capacité des hommes politiques et ils manquent de confiance dans toute la classe politique.

2. DÉGRADATION DE L'IMAGE DES HOMMES POLITIQUES.

Les Sénégalais sont de plus en plus sceptiques et méfiants à l'égard d'hommes politiques qui les représentent mal ou dans lesquels ils ne se reconnaissent plus et le fossé se creuse de plus en plus.

La quasi-totalité de la classe politique est déstabilisée par les affaires et cette succession d'affaires financières entourant la classe politique accentue la tendance actuelle à une forte dégradation de l'image des hommes politiques. Cette détérioration n'est pas apparue de façon soudaine et immédiate.

Ce comportement excessif de posséder, je le qualifie de conformisme politique de classe, c'est-à-dire un mécanisme qui permet aux hommes politiques de s'enrichir en peu de temps, surtout lorsqu'ils occupent des postes à haute portée économique, pour faire comme les autres. Des dispositions que les hommes politiques intériorisent rapidement pour acquérir le plus de biens sans équivalent avec leurs apports économiques, politiques et sociaux, constituent un danger pour la démocratie.

Leur objectif est de tirer l'essentiel de leurs revenus pour toute leur existence dans le peu de temps que durent leurs responsabilités politiques ou administratives. Pour être riche, il faut être ministre. Il serait intéressant de demander à tous ceux qui ont exercé de hautes fonctions politiques et administratives de justifier l'origine licite de leurs revenus. La majorité d'entre eux n'a pas hérité d'un patrimoine familial qui justifie souvent des revenus insolents et extravagants.

Les chefs d'entreprises peuvent justifier facilement leurs revenus, car les risques peuvent se révéler bénéfiques, ce qui n'est pas le cas des hommes politiques.

C'est en fait une crise de la représentation qui apparaît, dans la mesure où la détérioration globale de l'image des hommes politiques est devenue beaucoup plus forte qu'elle ne l'était.

3. L'AFFAIBLISSEMENT DES IDENTIFICATIONS PARTISANES

En période électorale, les partis politiques font étalage de chacune de leurs idées et de leurs programmes, qui ont pour seul but d'obtenir l'adhésion de la majorité des électeurs. Du fait de l'augmentation importante de la volatilité électorale, il est difficile de bâtir une frontière nette entre les idéologies.

À l'approche des élections, les ralliements au camp libéral se multiplient et les tractations secrètes avec promesses de lendemains meilleurs ne sont pas à exclure.

Lionel Jospin a affirmé, à la Convention nationale du PS du 29 juin 1986 au pré Saint Gervais, *« La nécessité de fonder les valeurs du socialisme dans la réalité, faute de quoi elles risqueraient de se réduire à une idéologie, c'est-à-dire à une vision abstraite et déformée du monde »*.[16]

Depuis plusieurs années, la pertinence idéologique s'est beaucoup affaiblie au Sénégal. La volatilité accrue des hommes politiques prouve l'effondrement des repères idéologiques. Comment les Sénégalais peuvent-ils s'identifier aux partis politiques jugés de plus en plus proches les uns des autres : PDS, LD/MPT, PIT, APR, PS, Rewmi, ainsi qu'aux hommes et femmes politiques : Abdoulaye Wade, Idrissa Seck, Aminata Tall, Cheikh Tidiane Gadio, Macky Sall, Moustapha Niasse, Djibo Kâ ?

L'instabilité idéologique accrue des hommes politiques est plus qu'inquiétante pour la démocratie. À la prochaine alternance, l'on assistera à la ruée de certains hommes politiques vers le parti au pouvoir. Ils suivent le mouvement et renoncent à leur ligne de conduite.

---

[16] *Le monde*, 1er juillet 1986.

Pour certaines élites de notre pays, l'idéologie est perméable et ne peut donc pas être un élément déterminant en général. Pour preuve, le mouvement important d'intellectuels, de ténors des partis et de personnalités influentes qui changent de famille politique en fonction de l'idéologie du camp qui exerce le pouvoir. C'est malheureusement le cas de la majorité des hommes politiques dans notre pays qui préfèrent être au pouvoir ou dans sa périphérie plutôt que dans la défense de leur ligne de conduite.

Les « pouvoiristes » sont de mauvais exemples patents qui administrent nos villes et plus généralement notre pays. Les Sénégalais n'ont pas la mémoire courte. Certains hommes politiques s'étaient manifestés déjà par des soutiens endiablés et frénétiques à la promotion du Parti socialiste de Senghor et d'Abdou Diouf. Ce sont les mêmes qui sont devenus des inconditionnels de Wade aujourd'hui.

De plus, il y a une prolifération anarchique de partis politiques dont certains s'apparentent plus à des groupes d'intérêts dont l'objectif est de fausser le débat d'idées, ce qui profite au clientélisme et à la médiocrité. L'on a connu au Sénégal des comités de soutien qui se sont organisés autour de l'ancien président Abdou Diouf et qui tiraient leur valeur du nombre et de la moralité supposée de leurs membres : Cosapad, Conagrisapad, Abdou *mo nou doy*, sans compter les mouvements affiliés ou intégrés au PS. D'autres comités ont pris corps pour soutenir Wade ou son fils.

Plus grave est le risque de contrôler la distribution des postes en mettant l'homme qu'il ne faut pas à la place qu'il faut.

La loi doit clarifier l'existence réelle des partis politiques et des comités de soutien aux hommes politiques. Ces derniers n'ont pas vocation à exercer le pouvoir, mais plutôt à en profiter.

Ce sont souvent des organisations dans lesquelles ces comités de soutien — que je qualifie de groupes d'intérêts qui se manifestent par les trafics d'influence de leur relation avec les détenteurs de pouvoirs politiques ou économiques — utilisent différents moyens de pression pour arriver à leurs fins.

C'est pourquoi il n'est pas trop d'affirmer le principe qu'en plus d'hommes vertueux, il faut des règles efficaces pour une bonne gouvernance.

Une nouvelle façon de faire de la politique sera nécessaire pour que les promesses du candidat ne se heurtent pas au scepticisme des électeurs. Il doit s'appuyer sur les aspects positifs de son image, son sérieux, sa compétence, son dévouement et l'exposé de son programme, ainsi que sur les résultats de son bilan ou de sa contribution passée, plutôt que sur des comités de soutien dont les propositions sont creuses pour le pays et les ambitions personnelles.

LES STRATÉGIES DES ACTEURS POLITIQUES

L'adoption d'un programme sert à convaincre l'opinion du sérieux avec lequel le parti envisage l'accès au pouvoir. Des engagements pris devant le peuple, des mesures confirmées ou infirmées par des discussions avec des personnalités compétentes, sont de nature à rehausser ou au contraire à rabaisser leur sérieux dans l'opinion.

Les candidats sont porteurs de projets pour le Sénégal, ils débattent de mesures afin d'améliorer les conditions d'existence des Sénégalais. Ces débats sont organisés selon deux logiques : une logique de sortants et une logique de prétendants. La confrontation de ces logiques est centrée sur le périmètre de l'État, c'est-à-dire la façon et les moyens avec lesquels l'État doit intervenir pour compenser les inégalités, relancer l'économie et une gestion saine et transparente des finances publiques.

Les candidats se donnent pour cible l'ensemble des électeurs. Il s'agit alors de ne privilégier ni exclure aucune catégorie en adressant à tous les électeurs le même message politique, à la fois vague et consensuel, sachant qu'ils ont des intérêts différents et souvent contradictoires qui amènent les candidats à découper le corps électoral en sous-groupes.

En réalité, la cible c'est l'électorat, mais l'on ne peut pas tenir le même discours à tout l'électorat, car il n'a pas les mêmes préoccupations. L'on parlera aux personnes âgées de la prise en charge en matière de santé et des pensions de retraite ; aux agriculteurs du prix des semences, de l'arachide et du riz ; aux femmes des conditions féminines et de la parité hommes/femmes ; aux ouvriers des salaires ; aux habitants de telles communes des transports, de voirie et de sécurité ; et à l'ensemble des Sénégalais, des coupures d'électricité qui provoquent des réactions unanimes contre le pouvoir sortant.

Ces sous-groupes ne sont pas intéressés par les mêmes sujets et n'ont pas les mêmes préoccupations. Le discours politique diffère selon que l'on s'adresse aux fonctionnaires, aux agricultures, aux commerçants, aux professions libérales ou aux chefs d'entreprise. De même, l'on ne peut pas mener le même type de campagne dans les zones rurales et les zones urbaines, dans les quartiers de Dakar et dans les zones périphériques ou dans les régions.

Dans une campagne électorale, les candidats essaient de se concentrer sur les segments du corps électoral qui sont pour eux d'une importance particulière et qui peuvent jouer un rôle déterminant à l'issue du scrutin. Le choix et l'identification de ces segments sont essentiels, car ces derniers deviennent les cibles de la campagne du candidat. Ainsi, ils choisissent prioritairement les segments les plus favorablement disponibles à leur personne, leurs idées et leurs valeurs.

Dans le cadre du multipartisme intégral, les partis vont devoir conclure des alliances, généralement dans le but d'obtenir la majorité électorale qui aboutit à la majorité parlementaire et à la formation d'un gouvernement.

Mais, ce système de partenariat nécessite une proximité idéologique entre eux. Une alliance hétéroclite aura du mal à dégager des objectifs communs et une volonté constante et cela même si les électeurs connaissent, d'une part la configuration éventuelle du gouvernement en cas de victoire et d'autre part, le programme ou les intentions des uns et des autres.

L'électeur met en balance les conséquences éventuelles de l'élection d'un candidat et les avantages qu'il est en devoir d'attendre de l'élection d'un autre.

Il n'est pas rare que des candidats lorgnent vers certaines personnalités qui, par leur statut social, religieux et professionnel, exercent une forte influence sur le corps électoral. Par exemple, les chefs de village, les chefs coutumiers, les guides religieux et les secrétaires généraux de syndicats ou d'associations. Toutes les formations politiques s'adonnent à cet exercice de séduction qui va au-delà des personnalités.

1. FIDÉLISER L'ÉLECTORAT

Afin de fidéliser son électorat, chaque formation politique doit tenir compte des engagements formulés pendant la campagne et s'y tenir une fois au pouvoir. Cependant, la composition sociale des partis politiques est restée longtemps diluée par les consignes de vote.

L'influence est certes toujours possible, mais l'on constate un accroissement du nombre de jeunes cadres dynamiques ayant un niveau intellectuel et culturel très élevé, qui ont une capacité d'analyse et de comparaison fine des programmes et de la probité supposée des candidats, qui les portent et les amènent à éviter d'être des inconditionnels de tel ou tel candidat. Ils partent de la pertinence des programmes et de la personnalité qui les défend. Ce nouveau comportement est dénué de toute identification partisane, mais est plus pragmatique.

M. Mayer et P. Perrineau affirment : « *Ils sont le prototype du nouvel électeur consommateur plus jeune et plus instruit que la moyenne. Ce sont eux qui font le choix électoral le plus tardif, qui se montrent les plus sensibles au problème de l'heure, les plus attentifs au déroulement de la campagne et aux interventions des candidats. Ils incarnent l'acheteur comparatif par excellence...* »[17]

Alain Lancelot et Philippe Habert abondent dans le même sens : « *Le nouvel électeur affirme une autonomie croissante dans sa prise de décision électorale et module ses choix à partir d'une adéquation stratégique aux variations de l'offre et aux enjeux du scrutin.* »[18]

Cela ne signifie pas qu'ils ne sont pas fidèles à leurs confréries religieuses ou leurs chefs coutumiers, mais qu'ils exercent leur droit d'électeur éclairé, droit personnel et secret. Ce droit a cessé d'être théorique depuis l'alternance en 2000.

L'approche de Maître Wade a vieilli et ne correspond plus à la réalité. « *Les chefs religieux sont des agents de légitimation du pouvoir temporel. Ils véhiculent l'obligation de soumission des gouvernés aux gouvernants à travers le recours à la volonté divine. Ils constituent de Grands Électeurs dans la mesure où, à travers les mots d'ordre lancés à leurs fidèles qui se déterminent beaucoup plus en fonction de ces directives que de leurs convictions politiques, ils peuvent garantir l'élection du candidat qu'ils soutiennent. Un tel pouvoir est considérable dans un régime multipartisan.* »[19]

Dans cette lutte de pouvoir que se livrent les candidats, chacun essaie d'imposer une perception favorable de sa personnalité. Ils focalisent leur campagne sur ce qui est dynamique, surtout sur des indicateurs mobilisateurs et d'espérances comme la justice sociale, l'emploi, l'énergie, les transports, la santé et l'éducation. La qualité du discours dépend de l'adhésion populaire, par l'affection, la probité et la compétence.

---

[17] M. Mayer, P. Perrineau, *Les comportements politiques*, Paris, A. Colin, 1992, p. 71.
[18] A. Lancelot, P. Habert, « Émergence d'un nouvel électeur ? », in P. Habert (ed), *Le nouvel électeur*, Paris, Vinci, 1996, p. 56.
[19] Wade Abdoulaye, « La doctrine économique du mouridisme », *Annal. afr.*, 1967, pp.175-206.

Plusieurs stratégies entrent en compte dans la séduction des électeurs. Les alliances s'affichent clairement pour créer un rassemblement autour d'un homme ou un parti.

2. LES ALLIANCES

Dans le multipartisme, les partis vont devoir nouer des alliances, généralement dans le but d'atteindre l'objectif électoral qui aboutit à une majorité parlementaire ou présidentielle.

Tous les spécialistes s'accordent pour dire qu'une majorité trop hétéroclite aura du mal à dégager des objectifs clairs et une constance dans la gestion du pays. Par exemple, l'alliance Bennoo avec plus d'une trentaine de partis politiques qui s'est désintégrée pendant la désignation du candidat devant porter le projet de la coalition.

Au Sénégal, la distance idéologique ne peut pas faire obstacle à une alliance solide. Le PDS, la LD/MPT, le PIT, l'AFP et And Jëf avaient scellés une alliance pendant des années – comme ce fut le cas en 2000 – qui avait permis au candidat Wade d'accéder au pouvoir parce que les stratégies de l'alliance sont généralement influencées par la position respective des partis sur le marché politique.

Les coalitions au Sénégal associent non pas les partis du fait qu'ils sont proches sur l'échiquier politique, mais parce qu'ils sont animés par la volonté de faire partir celui qui occupe le pouvoir à un moment précis. Comme le faisait remarquer Maurice Duverger, *« Les alliances entre les partis politiques ont des formes et des degrés très variables. Certaines sont éphémères et inorganisées : simples coalitions provisoires pour bénéficier d'avantages électoraux, pour renverser un gouvernement ou le soutenir occasionnellement. D'autres sont durables et pourvues d'une solide armature qui les fait parfois ressembler à un super parti.* »[20]

L'élection présidentielle de 2012 va se dérouler entre deux blocs : le bloc pro Wade – si sa candidature est validée – et le bloc anti Wade à condition que Bennoo reste uni et ne cède pas à la confusion, car la multiplication des candidatures ne peut qu'être un handicap.

Par souci de clarté, il faudrait qu'au premier tour chaque formation politique défende ses idées et se rassemble au second tour, soit autour du parti pivot, soit autour du candidat ayant atteint le deuxième tour.

Le souci politique serait « l'ingouvernabilité » du pays au cas où l'alliance Bennoo remporterait l'élection présidentielle. Si celle-ci se présente sous cette forme, la rue risque de gouverner, ce qui serait un très mauvais exemple pour le pays et l'image du candidat retenu.

L'autre problème est que, si la question de l'alliance ne se pose pas avant le premier tour, au jour de la proclamation des résultats du premier tour, une discipline de ce bloc permettrait aux candidats malheureux de demander à ceux qui leur ont fait confiance de reporter leurs voix sur la candidature de celle ou celui qui est arrivé en tête au premier tour au sein de Bennoo.

Cette solution n'est pas sans difficulté, car la liberté de se combattre mutuellement au premier tour sera totale et cela ne sera pas sans effet entre les partis qui s'allieront au second tour.

De plus, les électeurs ont la liberté de choix et la logique de report de voix des électeurs entre les alliés n'est pas forcément acquise sans une bonne campagne d'explication des dirigeants des partis alliés.

Par ailleurs, l'éclatement d'une telle coalition est plus que probable, car les formations politiques se soucient

---

[20] M. Duverger, *Les partis politiques*, 6ᵉ Éd., Paris, A. Colin, 1976, p.32.

dans une telle hypothèse d'une juxtaposition ou d'une addition des voix pour accéder au pouvoir en lieu et place de la désignation d'un candidat qui porte un projet.

Dans une alliance, il y a forcément un parti dominant. Or, dans l'alliance Bennoo, chaque parti se considère comme dominant. Donc, la seule solution pour remédier à un problème d'égo est que chacun se présente au premier tour pour mesurer sa force politique.

Le rassemblement au deuxième tour est nécessaire si cette alliance se fait sur la base d'un compromis et non d'une compromission.

Le candidat sortant fera les yeux doux à certains partis ou candidats égarés de cette coalition pour assurer sa réélection, si sa candidature est validée.

Nous pouvons dire que l'alliance affichée est beaucoup plus démocratique que l'alliance anticipée parce que les électeurs connaissent déjà, d'une part le programme du gouvernement en cas de victoire, si celui-ci est respecté, et d'autre part, les électeurs connaissent le programme ou l'intention des uns et des autres. Contrairement à l'alliance anticipée qui est l'œuvre de tractations entre états-majors politiques et où l'électeur est mis devant le fait accompli le plus souvent.

Stratégiquement, l'électeur peut se servir de son bulletin, soit pour faire accéder au pouvoir le parti ou le candidat qu'il préfère, soit pour empêcher celui qu'il ne souhaite pas voir exercer le pouvoir.

« Le vote émis par un électeur dépend non seulement du jugement qu'il porte sur le gouvernement en place, mais aussi de l'alternance qu'il anticipe, c'est-à-dire de son évaluation du coût d'opportunité du changement de dirigeants politiques. »[21]

---

[21] J. D. Lafay, « Les conséquences électorales de la conjoncture économique, essai de prévision chiffrée pour mars 1978 », 1977.

Au parti Bennoo, l'argumentation du choix entre alliance au premier ou deuxième tour pose la question du vote utile.

3. VOTE UTILE

L'on observe généralement ce vote au deuxième tour des élections parce qu'il incite l'électeur à « voter utile », c'est-à-dire à donner son suffrage au candidat qui, sans répondre exactement à sa volonté, en est cependant le plus proche. Les différentes forces politiques se regroupent de telle sorte que la compétition électorale se réduise à deux partis seulement.

Si le quart bloquant avait été validé, le vote utile aurait pu être envisagé dès le premier tour compte tenu des difficultés de ce système doublé de son caractère peu démocratique.

L'électeur met en balance les conséquences éventuelles de l'élection d'un candidat qui représente un danger pour le pays (en raison de son passé politique ou du doute qui entoure sa probité) et les avantages (sa probité et son expertise) qu'il est en devoir attendre de l'élection d'un autre.

Il est essentiel d'affirmer que les électeurs ne se déterminent plus en fonction des promesses, car les promesses non tenues sont plus nombreuses que celles tenues, mais ils s'attachent plutôt à des critères à la fois plus concrets et plus subjectifs comme le dynamisme réel ou supposé de la personnalité qui anime le parti et la sympathie ou l'aversion qu'elle suscite.

C'est sans doute la perplexité et le scepticisme qui dominent le quotidien des Sénégalais quant à la capacité des hommes politiques à gouverner dans l'intérêt de tous. Dans les vieilles démocraties, les hommes politiques ont plus que les moyens de leur subsistance. Cependant, ils ne sont pas si riches – à l'exception de ceux issus de la bourgeoisie – parce que l'école républicaine et ses valeurs ont fonctionné, contrairement à ce que nous connaissons dans les démocraties africaines où les hommes politiques deviennent riches en faisant de la politique, car ils tirent l'essentiel de leurs richesses de leur participation au gouvernement.

Scepticisme, parce que l'on se demande comment ceux qui étaient au pouvoir ces dernières années pourraient faire mieux la prochaine fois, et ce, quelle que soit leur bonne volonté. Certains d'entre eux brillent par leur manque d'ambition, une présomption forte de soupçon de corruption, à tort ou à raison, et une grande volatilité pèse sur leur engagement politique.

Si les nouvelles mesures qui sont présentées aujourd'hui sont si prometteuses et innovantes, pourquoi n'ont-elles pas été appliquées avant ?

Le manque de confiance dans les hommes politiques montre que les déceptions successives suscitées par les gouvernements socialistes et libéraux ont et auront davantage de conséquences sur le scepticisme des Sénégalais.

L'AFFAIRISME
DANS LE FONCTIONNEMENT DU MARCHÉ POLITIQUE SÉNÉGALAIS

Face à l'incertitude du modèle économique qui nous est proposé depuis des années, qui consiste à jouer le jeu de la corruption à marche forcée de notre pays quoiqu'il en coûte aux Sénégalais, il ne faut pas que les hommes politiques s'étonnent de la souffrance et de la misère de l'immense majorité des Sénégalais.

L'ensemble des mesures de relance de l'économie est nettement insuffisant pour générer de la croissance à la hauteur des possibilités du pays. Le développement économique ne sera pas réalisable si la confiance n'est pas favorisée par une transparence dans un cadre juridique sécurisé pour encourager les investisseurs.

Les politiques de dynamisation de l'économie depuis l'alternance souffrent d'une mauvaise gouvernance, consécutive à des faits de corruption et c'est cette mauvaise gouvernance qui cause un trouble manifestement illicite qu'il appartient à tous les Sénégalais de faire cesser.

En effet, la régression sociale que nous sommes en train de vivre est la plus grave que notre pays ait connue depuis les indépendances. Elle n'est pas le fruit d'une fatalité à laquelle il faut se soumettre, mais la conséquence directe de la politique qui a été choisie par les gouvernements successifs.

Une insécurité énergétique rend l'économie sénégalaise vulnérable et met en danger la compétitivité de nos entreprises.

L'espoir de l'alternance s'est révélé plus que décevant dans la gestion des affaires de l'État. La pratique de la corruption s'est érigée en institution. Le second mandat du président a mis à mal la grandeur du pays. Dans l'affaire de la mallette d'argent remise à Alex Segura, ancien représentant du Fonds monétaire international (FMI) à Dakar, la seule justification du pouvoir était l'hospitalité sénégalaise ! Pour la majorité des Sénégalais, la corruption ne saurait être confondue avec une quelconque *teranga*.

S'agissant du chantier de Thiès, l'on peut en déduire que lorsque le pouvoir est menacé, la machine judiciaire est utilisée à la convenance de ceux qui l'exercent au motif générique d'*« atteinte à la sûreté de l'État »*. Wade lui-même a été victime de ce chef d'accusation supposé.

L'acharnement à l'encontre d'un entrepreneur hors pair comme Bara Tall est plus que désobligeant dans une démocratie.

Le chantier de Thiès n'était-il pas lié au fait que la candidature d'Idrissa Seck pouvait constituer un danger imminent, crédible et redoutable qui dérangerait et créerait un malaise dans la famille libérale ? C'est pourquoi je m'étonne de l'affirmation d'Albert Bourgi selon laquelle *« Wade serait le seul candidat dans la famille libérale »*.

Les cas de corruptions s'enchaînent : la vente d'espaces fonciers dans la zone de l'Aéroport de Yoff, l'affaire des 7 milliards offerts au Sénégal par Taïwan et qu'il est désormais convenue d'appeler les *« fonds taïwanais »*, ainsi que l'affaire Sudatel sont emblématiques de la manière dont les affaires de l'État sont conduites dans notre pays par des systèmes de commissions et de rétro commissions.

« Plus un bénéfice est illégal, plus l'homme y tient » disait Honoré de Balzac.

S'ajoute à cela une humiliation diplomatique de taille concernant l'auto flagellation du président dans la libération de l'otage française Clotilde Reiss détenue en Iran. Bernard Kouchner questionné a fait cette remarque ironique : *« Connaissez-vous cette phrase : la victoire a beaucoup de pères, la défaite est orpheline. »*[22]

Mais il faut admettre qu'il y a beaucoup d'affabulations dues au manque de transparence et de véritables enquêtes. La rumeur prend corps lorsqu'il y a un déficit d'informations et de transparence du pouvoir dans la gestion de crises.

Les citoyens ne cessent d'être informés de la multiplication d'évènements cumulatifs entrant dans la dégradation de leurs conditions d'existence telles que la corruption, l'enrichissement personnel de certains hommes politiques, la dégradation de l'environnement – notamment l'évacuation des eaux pluviales – et les inondations.

De plus, un nouveau phénomène se développe dans le monde politique : l'agression physique pouvant aller jusqu'au meurtre. L'assassinat de maître Babacar Sèye est une affaire d'État qui doit être une affaire de l'État et exiger une enquête sans concession. Une remarque de Me Abdoulaye Wade a longtemps semé le doute : *« Je ne donne aucun crédit aux décisions du Conseil constitutionnel qui se trouve sous l'influence des hommes d'Abdou Diouf, en particulier de son vice-président, Me Babacar Sèye, qui a été pendant longtemps un député socialiste. Ce n'est pas sérieux. »*[23]

---

[22] Le journal *Libération* du 16 mai 2010.
[23] Géraldine Faes, « sept jours qui ébranlèrent Dakar », *Jeune Afrique*, N° 1690, 2 juin 1993.

Talla Sylla a été agressé avec sauvagerie sans qu'il y ait une véritable enquête. Idrissa Seck sur le chemin de sa privation de liberté déclarait : « *Je ne suis ni diabétique, ni cardiaque. Dieu merci, je suis dans un parfait état de santé. Musulman convaincu, ou tout au moins aspirant à l'être, j'abhorre le suicide. S'il m'arrive donc quoi que ce soit, ce sera entièrement imputable à ceux qui m'ont convoqué...* »[24]

Cela prouve la terreur qui peut exister dans le milieu politique depuis un certain temps. Elle illustre toute la tragédie dans laquelle le Sénégal est plongé depuis quelques années. Le pouvoir, allant jusqu'à semer le doute sur la citoyenneté de Jean Paul Diaz (ancien ministre et ancien haut fonctionnaire de l'État).

C'est pourquoi il nous appartient de faire en sorte, s'il doit y avoir une alternance, que celle-ci ne soit pas qu'un simple changement d'équipe.

Il est vrai que la complexité juridique d'un troisième mandat du président avait créé un malaise dans la prise de parole chez les spécialistes, mais les langues se sont déliées depuis.

Si la candidature de Maître Wade est retenue, il risque de se retrouver en compétition face à ses anciens Premiers ministres ou ministres – Macky Sall, Idrissa Seck, Cheick Tidiane Gadio, Moustapha Niasse et Amina Tall – qui constituent un trop-plein de candidats.

Sont-ils animés par un esprit revanchard, une volonté de mettre en place une politique de rupture des pratiques constatées au sein du pouvoir de Maître Wade, ou simplement par une inconsistance de sa gestion du pays ?

---

[24] Jeune afrique.com du 13 janvier 2008 : la bombe Seck.

1. LE PRINTEMPS DES POLITOLOGUES

Si certains politologues font une photographie de l'opinion actuelle, ils sont tout à fait dans leur rôle. Cependant, les sondages obéissent à un processus et des outils complexes qui nécessitent d'être détenteur de titres et attributs intellectuellement pertinents et d'une capacité d'expertise sans équivoque.

À en croire certains, les jeux sont déjà faits et le vainqueur de l'élection présidentielle de 2012 serait le candidat Macky Sall.

Souvenez-vous de ce que disait monsieur Moubarack Lô concernant la suppression du second tour.

De plus, le cabinet *Émergence consulting group* ne manque pas d'inspiration en proposant un scrutin à un tour. Les arguments « *à coucher dehors* » utilisés par monsieur Lô pour justifier un scrutin à un tour sont plus qu'étonnants puisque, soutient-il *« ce type de scrutin conduit à une candidature plurielle de l'opposition et au second tour, le candidat de l'opposition le mieux placé face au candidat au pouvoir se voit dans l'obligation de négocier avec les autres de l'opposition qui ne parviendront pas à franchir la première étape. Et là, il y a des risques que les négociations échouent puisque chacun voudra poser des conditions »*.

Ensuite, Moubarack Lô dit craindre qu'en cas de second tour, la situation ne devienne plus tendue, ce qui pourrait plonger le pays dans la violence. Il déclare que *« son rôle, en tant que membre de la société civile, est d'alerter sur ces risques de violence dans le pays »*.[25].

Wade va à peu près dans le même sens.

« Si je quitte le pouvoir, un chaos pire qu'en Côte d'Ivoire va s'installer au Sénégal », avait déclaré le chef de l'État

---

[25] http://www.nettali.net samedi 17 avril 2009.

Abdoulaye Wade dans un entretien accordé au journal français, *La Croix*.[26] Quel serait le score de Bennoo Siggil Sénégal si une candidature unique avait pu se dégager ? Ce dernier représenterait une véritable force politique avec toutefois le risque d'une majorité hétéroclite.

À ce stade, le conditionnel doit être de mise. Si l'élection présidentielle était organisée aujourd'hui, les candidats Macky Sall et Me Wade arriveraient en tête au premier tour et le candidat Macky Sall l'emporterait sur le candidat Wade au deuxième tour – selon monsieur Moubarack Lô. Plus récemment, l'Agence dakaroise d'études stratégiques et de recherches (Adesr) allait dans le même sens comme si l'élection présidentielle ne se jouait qu'à Dakar. Or, la méthode des quotas reproduit exactement la structure de la population. Les mêmes méthodes produisent les mêmes effets.

Là encore, le cabinet *Émergence consulting group* devrait étudier tous les paramètres, c'est-à-dire les tractations possibles pouvant aboutir à des alliances en vue de l'accession de l'un des deux candidats à la présidence de la République.

Certes, les alliances sont possibles au premier tour, mais certains partis politiques voudront mesurer leur degré de popularité, avant de s'allier au parti qui sera le mieux placé au deuxième tour pour tenter d'imposer ou de négocier les conditions d'une éventuelle participation de leurs partis au futur gouvernement qui sera mis en place au lendemain des résultats des élections législatives.

C'est pourquoi il est temps d'affirmer que les sondages sont des enquêtes d'opinion et non les opinions de ceux qui les réalisent, comme nous le voyons de plus en plus. Permettez-moi de douter de la solidité méthodologique de

---

[26] Rédigé par lindépendantnews.com le lundi 25 juillet 2011.

certains sondages politiques par rapport à l'objet de l'enquête. Il faudrait déjà définir un échantillon représentatif de la population.

Comment se fait-il que monsieur Moubarack Lô transpose un sondage circonscrit à Dakar à l'ensemble du Sénégal ?

Quelle mouche a piqué ce brillant économiste de se référer à un sondage hasardeux et, plus fâcheux, de confondre les élections locales et nationales ? C'est plus un sondage pour déterminer les intentions de vote pour la fonction de maire de Dakar que celle de président de la République. Or, actuellement, il n'est pas certain que le maire de Dakar soit mal aimé de ses administrés.

Par ailleurs, je suis surpris d'entendre certains intellectuels suggérer la création d'une haute autorité chargée des sondages. Ne mettons pas les instituts de sondages sous tutelle. Ils doivent faire le ménage en leur sein et créer une charte de bonne conduite. Si cela ne suffit pas, la loi pourrait encadrer l'utilisation des sondages.

Toute interdiction relèverait non seulement de l'absurdité, mais également de l'anomalie démocratique, car les sondages n'ont jamais fait une élection. Donc, je prône une autorégulation des instituts de sondage plutôt qu'une règlementation coercitive

La Loi du 14 avril 1986 sur les sondages interdit dans son Article 20, la publication de tout sondage d'opinion lié à une élection à partir de la convocation du corps électoral et jusqu'à la publication des résultats définitifs. Le décret de convocation de la prochaine présidentielle datant de la mi-novembre 2010, rend illégal toute publication de sondage sur les intentions de vote des Sénégalais.

Je vois mal un gouvernement libéral favoriser le dirigisme économique même s'il est vrai que la frontière entre les idéologies est perméable au vu du nombre d'hommes politiques qui « valsent » entre les partis politiques au Sénégal. Ce phénomène est révélateur de cette perméabilité idéologique.

Mais la perméabilité idéologique pose moins de problèmes que la candidature du président ou l'âge de celui-ci. Avant même la clôture du débat sur l'irrecevabilité de la candidature du président, c'est son âge qui suscite beaucoup d'inquiétudes.

2. L'ÂGE DU PRÉSIDENT

L'idéal démocratique serait en principe que tout citoyen ait une chance égale d'entrer dans la compétition électorale, quels que soient son âge, son sexe ou ses héritages familiaux, etc.

L'âge du Président constitue-t-il un empêchement constitutionnel pour cette charge ?

Abdoulaye Wade aura plus de 85 ans en 2012, mais il compte bien briguer un troisième mandat. Ces derniers mois, plusieurs cadres libéraux ont fait entendre leur voix pour justifier sa candidature.

L'âge ne doit pas modifier le parcours politique d'un citoyen. En principe, aucune personne ne peut être écartée d'une élection dès lors qu'elle remplit les conditions requises.

Il n'existe aucune justification juridique liée au grand âge du président pour cette charge.

Article 28 : « Tout candidat à la présidence de la République doit être exclusivement de nationalité sénégalaise, jouir de ses droits civils et politiques, être âgé de 35 ans le jour du scrutin. Il doit savoir écrire, lire et parler couramment la langue officielle. »

Il n'en demeure pas moins vrai que le grand âge du président ne favorise pas le dynamisme et risque de causer plus de dommages que de stimulants bénéfiques pour le pays.

Certes, l'âge du président n'a pas de conséquences sur sa volonté, mais il n'en va pas de même s'agissant de sa détérioration physique et mentale du fait de son grand âge.

Le président Wade est arrivé au pouvoir à 74 ans tandis que le président Senghor le quittait au même âge.

S'il était élu, il y a une forte probabilité qu'il soit destitué, comme l'ancien président tunisien Habib Bourguiba, pour cause d'empêchement. Le président est apparu à la télévision peu rassurant, lors de son message de fin d'année à la nation, avec un retard sans précédent.

Une éventuelle candidature du président est-elle souhaitable ?

Quel est l'état de l'opinion concernant cette question ?

Les politologues et sociologues pourront nous apporter quelques éléments de réponses.

3. SUSPICION DE DÉRIVES MONARCHIQUES

Au-delà des faits constatés, est-il envisageable de transférer une légitimité ?

En République, le pouvoir ne se possède pas, mais il s'exerce et se transmet dans un cadre légal et légitime.

Le principe devant prévaloir en démocratie doit être le suivant : la légitimité ne saurait être léguée dans le cadre du fonctionnement normal des institutions d'une République, mais elle s'acquiert grâce à une relation étroite de confiance entre ceux qui gouvernent et ceux qui sont gouvernés.

Le Sénégal n'est pas une dynastie. Le principe suivant « légalité de la loi, légalité dans la loi, légalité devant la loi » doit être un combat de tous les jours dans un pays démocratique.

La constitution n'attribue pas de pouvoir au fils du président, elle n'en parle même pas.

Par conséquent, il ne doit bénéficier d'aucun privilège lié à sa condition de fils de président.

Ceux qui, de près ou de loin, commencent, par leur action, à torpiller la forme républicaine de l'État le feront à leurs frais.

Par ailleurs, rien n'interdit à Karim Wade de solliciter le suffrage des Sénégalais lors des prochaines échéances électorales, mais cela obéit à une procédure bien définie : être désigné ou coopté sans passe-droit suivant les procédures de son parti ou encore, une candidature indépendante. Il bénéficiera des mêmes droits et sera soumis aux mêmes obligations que n'importe quel candidat.

Il appartiendra au peuple de veiller à ce que l'on ne privilégie pas « l'impératif de légitimité à l'impératif de compétence », mais les deux en même temps.

Venons-en à ceux qui, par leur travail, aident en principe les citoyens à se faire une opinion.

-Les médias :

Il faut que les médias publics deviennent des services d'information publics et non un service de lecture des bulletins d'information du pouvoir. Les jeunes journalistes doivent s'affranchir du pouvoir politique, car les anciens journalistes ont trop intériorisé les dispositions non écrites de l'ex-ORTS qui continuent d'entacher leur crédibilité et leur niveau de soumission au pouvoir. Certains sont d'ailleurs les dépositaires de cette allégeance au pouvoir politique. Il est temps que les anciens journalistes comprennent maintenant que l'époque de l'ORTS est révolue et que le quotidien national *Le soleil* « brille » pour tous et sur tous.

Aujourd'hui, les médias privés ont aidé ceux du public à s'affranchir presque totalement du pouvoir.

Les médias privés ont conquis leur liberté par la crédibilité et la qualité de l'information et surtout par leur audace face au pouvoir politique depuis des années. Abdoulatif Coulibaly en est l'illustration parfaite, surtout qu'il a un talent immense et qu'il continue d'en faire les frais comme beaucoup d'autres d'ailleurs.

L'enjeu de cette campagne sera basé sur la transparence dans la gestion des affaires de l'État, ainsi que le thème saillant qui lui est attaché : inconstitutionnalité d'un troisième mandat de maître Wade ou l'irrecevabilité de sa candidature.

LE MARCHÉ POLITIQUE SÉNÉGALAIS EN ÉBULLITION

La candidature de Wade en 2012 souffrirait d'un empêchement constitutionnel en son Article 27 : la durée du mandat du président de la République est de cinq ans. Le mandat est renouvelable une seule fois.

Cette disposition ne peut être révisée que par une loi référendaire.

Selon l'immense majorité des tenants de la théorie de l'inconstitutionnalité d'un troisième mandat du président, l'irrecevabilité de la candidature de Maître Wade ne souffre d'aucune autre interprétation ou d'ambiguïté. D'ailleurs, lui-même a reconnu cette impossibilité. Le Conseil constitutionnel est dans une position inconfortable, car s'il venait à valider sa candidature, l'opposition dénoncerait sa soumission au pouvoir et dans le cas contraire, le pouvoir dira que le Conseil constitutionnel a subi des pressions de l'opposition et des mouvements citoyens. Donc, quelle que soit sa décision, il aura une portée hautement préjudiciable parce que les hommes politiques respectent de moins en moins les institutions et le pire serait que le Conseil constitutionnel se déclare incompétent.

Par ailleurs, nous avons tous été spectateurs de la proclamation de la victoire de Laurent Gbagbo lors de l'élection présidentielle en Côte d'Ivoire par le Conseil constitutionnel, puis du revirement de ce même conseil quelques mois plus tard.

Le Sénégal est régi par un principe tout simple, mais fortement ancré dans le vécu des Sénégalais, qui est la forme républicaine de l'État.

Article 103 Alinéa 7 : *« La forme républicaine de l'État ne peut faire l'objet d'une révision. »*

Le sujet de la candidature du président passionne tellement que tous les Sénégalais sont devenus des constitutionnalistes.

Certains politologues prennent « une grande liberté » en se substituant aux constitutionnalistes et il faut clarifier les domaines de compétences des uns et des autres.

Le métier de politologue n'est pas de nous informer de la conformité des actes, des intentions ou de la façon dont le pouvoir est exercé par rapport à la Constitution. Cette compétence, de nous renseigner sur la conformité ou non d'une éventuelle candidature du président, est dévolue et reconnue aux spécialistes du droit constitutionnel.

L'interprétation des textes et la conformité à la Constitution de la candidature du président ou de tout autre candidat est du domaine des constitutionnalistes, sûrement pas des politologues qui sont plutôt spécialisés dans l'étude du comportement politique, du marketing, de la communication que dans l'interprétation de la Constitution.

Ce n'est pas pour rien que Me Wade a réuni des constitutionnalistes qui ont reconnu la recevabilité de sa candidature en 2012, contrairement aux constitutionnalistes sénégalais qui ont été réconfortés par le constitutionnaliste Guy Carcassonne, mandaté par Idrissa Seck.

L'électeur est un des deux acteurs fondamentaux étudiés par la sociologie électorale. L'objectif de celle-ci est d'analyser la façon dont les électeurs agissent sur le marché politique pour améliorer leurs conditions d'existence – grâce aux politiques publiques mises en œuvre par le pouvoir politique. Le risque est qu'ils peuvent se tromper. Comme le souligne Jean-Jacques Rousseau « Si le peuple veut se faire du mal, qui a le droit de l'en empêcher ? »

Ceux qui ne mangeaient pas tous les jours leur *thiebou dien* national à midi avant l'alternance, continuent à ne pas le manger tous les midis.

Le mérite du politologue qui a soulevé l'inconstitutionnalité d'un troisième mandat du président est d'avoir ouvert le débat. Sa démarche ne fait aucun doute sur ses compétences, sa rigueur et la qualité de son analyse.

Il a fallu plusieurs mois avant que les spécialistes de la Constitution se mouillent.

Dans les années 80, certains intellectuels, comme Mamadou Diouf, historien, Jacques-Mariel Nzouankeu, Kader Boye, Malamine Kourouma et d'autres encore, intervenaient dans le débat surtout lorsqu'un sujet suscitait autant d'intérêt.

Je me suis réjoui d'entendre enfin quelques constitutionnalistes comme Ismaëla Madior Fall, Ameth N'Diaye et El hadj M'Bodj entrer dans l'analyse juridique implacable d'une impossible candidature du président Wade en 2012.

Cependant, Maître Wade a déjà déclaré dans l'interview qu'il a accordée à *La voix de l'Amérique* : « *Je suis candidat en 2012 Inch'Allah. Si Dieu me laisse longue vie, me laisse mon cerveau et ma santé, je serais candidat.* »

Il avait également déclaré qu'il ne pourrait plus être candidat quelques jours après sa victoire à la présidentielle de 2007 : « *j'ai bloqué le nombre de mandats à deux, donc il n'est* pas possible que je me présente. Je vous le dis sincèrement, je ne peux pas me présenter en 2012. »

À quel moment est-il sincère ?

Cette candidature sera-t-elle entérinée par le Conseil constitutionnel ?

Albert Bourgi, éminent professeur de droit de l'université de Reims a affirmé : *« Si maître Wade est bien portant et avec toutes ses capacités, rien ne peut s'opposer à sa candidature en 2012. »*[27]

En revanche, Albert Bourgi ne s'est pas prononcé sur l'inconstitutionnalité, mais sur la constitutionnalité d'un troisième mandat de Me Wade sans arguments juridiques. Il affirme simplement *« C'est lui, le candidat naturel de la mouvance présidentielle. C'est le meilleur dans son camp politique »*.

Dans le journal *le Quotidien*, une tout autre version d'Albert Bourgi répondant à une question du journaliste.

- *« Il y a aussi la polémique autour d'un troisième mandat du président Wade. Ses partisans envisagent même de faire voter une loi interprétative... »*

- (Il coupe) *« Écoutez, je suis professeur de droit. Je suis agrégé de droit. Franchement la candidature d'Abdoulaye Wade est illégale. »*[28]

Le discours d'Albert Bourgi a évolué, il se prononce sur l'inconstitutionnalité et plus sur la constitutionnalité d'un troisième mandat du président.

Pourquoi ce revirement spectaculaire du professeur agrégé, comme il le souligne ? Que s'est-il passé entre temps ?

Ce que l'on peut dire actuellement c'est que tant qu'une éventuelle candidature de Wade n'est juridiquement pas tranchée par le Conseil constitutionnel en statuant définitivement sur la validité ou l'invalidité de sa candidature, le peuple ne sera pas être fixé. Sa décision

---

[27] Article de Moustapha Sylla, lemessagersn.info du lundi 2 août 2010.
[28] Article de Daouda Gbaya dans *le Quotidien* (Sn) du 12 février 2011.

et les arguments juridiques qui vont soutenir cette décision sont attendus avec beaucoup d'impatience à condition que celle-ci soit motivée.

L'opposition dira toujours qu'une éventuelle candidature du président en 2012 est irrecevable, elle est dans son rôle et la majorité présidentielle soutiendra le contraire.

D'où l'intérêt du débat qui commence à s'alimenter et même à s'envenimer à l'approche de l'élection présidentielle. Or, le président a déclaré sa candidature depuis 2009.

Sénégalais ! Encore un peu de patience pour être définitivement fixé. Pour vous rassurer, voici les articles de la Constitution qui obligent le Conseil constitutionnel.

Article 29 : « les candidatures sont déposées au greffe du Conseil constitutionnel trente jours francs au moins et soixante jours francs au plus avant le premier tour du scrutin. »

L'Article 30 stipule *« ... vingt-neuf jours francs avant le premier tour du scrutin, le Conseil constitutionnel arrête et publie la liste des candidats... »*

Le 27 janvier prochain, il devra décider de la validité ou de l'invalidité de la candidature d'Abdoulaye Wade en publiant la liste des candidats à l'élection présidentielle.

1. TENTATIVE DE DÉTOURNEMENT CONSTITUTIONNEL AVORTÉE

Le président voulait faire tomber le dernier bastion légal qui empêchait encore un candidat d'être élu au premier tour avec moins de 50 % des suffrages exprimés.

D'inspiration récente et peu démocratique, ce projet de modification constitutionnelle répondait à des objectifs déterminés et avait suscité de vives tensions dans tout le pays. Heureusement pour la démocratie, cette tentative de modification de la Constitution, qui était une manœuvre peu élégante de la part du président Wade de changer les règles du jeu à quelques mois des élections sans concertation, a été stoppée par le peuple.

Les règles du jeu étaient claires et acceptées quasiment par tous les protagonistes.

Loi n° 2001-03 du 22 janvier 2001 portant Constitution
TITRE III - DU PRÉSIDENT DE LA RÉPUBLIQUE

Article 26 « Le président de la République est élu au suffrage universel direct et au scrutin majoritaire à deux tours. »

Article 33 «… nul n'est élu au premier tour s'il n'a obtenu la majorité absolue des suffrages exprimés représentant au moins le quart des électeurs inscrits. Si aucun candidat n'a obtenu la majorité requise, il est procédé à un second tour de scrutin le deuxième dimanche suivant la décision du Conseil constitutionnel. Sont admis à se présenter à ce second tour, les deux candidats arrivés en tête du premier tour. En cas de contestation, le second tour a lieu le deuxième dimanche suivant le jour du prononcé de la décision du Conseil constitutionnel. Au second tour, la majorité relative suffit pour être élu. »

Le projet de révision constitutionnelle adopté en Conseil des ministres du 16 juin 2011 a fait l'objet de soulèvements sans précédent au Sénégal.

Ces manœuvres me rappellent cette phrase de Mirabeau : *« Nous sommes ici par la volonté du peuple et nous n'en sortirons que par la force des baïonnettes. »*

Selon l'Article 6 de ce texte, le projet de révision opte pour l'élection simultanée à la majorité relative du président de la République et du vice-président de la République.

Le nouvel article stipule à ses Alinéas 2 à 5 que *« le vote a lieu en un premier tour au scrutin de liste majoritaire. Un ticket est déclaré élu s'il vient en tête de l'élection et réunit au moins le quart des suffrages exprimés.*

Si aucun ticket n'a obtenu le quart des suffrages exprimés, il est procédé à un second tour de scrutin le troisième dimanche qui suit la décision du conseil constitutionnel.

Sont alors admis à se présenter à ce second tour, les deux tickets arrivés en tête au premier tour.

En cas de contestation, le second tour a lieu le troisième dimanche suivant le jour du prononcé de la décision du Conseil constitutionnel. Au second tour, la majorité relative suffit pour qu'un ticket soit déclaré élu. »

2. LA VIOLENCE

La violence se banalise de plus en plus sur le marché politique sans que l'État s'en inquiète.

Pendant le procès de Malick Noël Seck Barthelémy Diaz, il a été dit « à l'injustice, l'on répondra par l'injustice ».

Il est inadmissible que certains hommes politiques se permettent de critiquer la justice d'une façon qui n'honore pas un État de droit comme le Sénégal. Monsieur Barthélémy Diaz doit répondre devant la justice de cette mise en cause permanente de la justice. Certains se croient tout permis.

Les hommes politiques qui prônent la violence aujourd'hui risquent d'être confrontés à la même situation en cas de nouvelle alternance, car la démocratie ne peut s'exercer dans la violence, dans l'abus de droit ou de liberté. Le pouvoir en place n'est pas exempt de toute critique en la matière.

Selon l'APS *« monsieur Barthémy Diaz a tiré deux coups de feu en l'air entraînant la débandade des protagonistes devant la prison de Tamba. »*[29]

---

[29] Mardi, 15 novembre 2011, APS.

En revanche, la confusion qui entoure l'attaque de sa mairie de Mermoz/Sacré-Cœur ayant entraîné la mort d'un homme ne nous permet pas à ce stade de déduire qu'il s'agit d'un acte délibéré ou de légitime défense. Cet événement malheureux est intervenu au moment de la finalisation de ce travail.

Ce qui est sûr, c'est qu'il a été victime d'une provocation. Mais de qui ?

Les magistrats sénégalais sont compétents et impartiaux dans leur grande majorité et il est révoltant que quelques hommes politiques agités mettent en cause une des professions qui se démène chaque jour pour rendre la justice au nom du peuple sénégalais.

Macky Sall a affirmé que, selon lui, le pouvoir fait *« recruter des mercenaires aux mains tachées de sang venus de Côte d'Ivoire »*, mais également *« de Guinée et du Nigéria »* dans le but de commettre *« des rapts d'opposants et de la société civile »*.[30]

Il est regrettable qu'un homme politique qui inspire le sérieux se livre à de telles affirmations sans preuve. Il parle de mercenaires au moment de la contestation du ticket présidentiel pour attiser le feu et cette affirmation ne lui ressemble pas.

Ceux qui en font de la violence une arme pour chasser Wade du pouvoir ne pourront pas s'exonérer de cette violence quand ils seront au pouvoir. Le discours anxiogène d'un homme politique, de surcroît avocat, demandait l'intervention de l'armée au cas où la candidature de Wade viendrait à être validée le temps que l'armée organise les élections dans six mois.

« Je demande au président de la République de ne pas se présenter à l'élection présidentielle. S'il persiste, je demande à l'armée de le prendre et le déposer pour ensuite organiser des élections libres et démocratiques dans les six prochains mois. Nous avons une armée

---

[30] Jeuneafrique.com du 01/07/2011

républicaine et Abdoulaye Wade doit savoir que sa candidature est irrecevable. »[31]

Ces diatribes ne favorisent pas la sérénité. « *La gloire d'un bon avocat consiste à gagner de mauvais procès* » disait Honoré de Balzac.

Ce même avocat, El Hadj Diouf, va plus loin dans sa provocation – ou publicité gratuite – en s'attribuant le titre de patron de l'opposition.

« *Pour avoir dit tout haut ce que les Sénégalais pensent tout bas, je suis devenu l'homme à abattre pour les fous du village, comme Famara Senghor, qui veulent coûte que coûte faire plaisir à Abdoulaye Wade. Je suis devenu de fait le chef de l'opposition. Le vrai patron de l'opposition est arrivé.* »[32]

Quasiment tout a été dit et redit sur une éventuelle candidature du président sortant. Je fais partir de ceux qui pensent que sa candidature n'est pas recevable, mais il est plus sage d'attendre la décision des sages du Conseil constitutionnel.

Quelle que soit la décision qui sera prise par le Conseil constitutionnel, elle fera l'objet de contestations par les uns ou les autres.

L'on ne peut se prévaloir d'être démocrate et commencer par intimider le Conseil. Sa décision peut engager le pays dans l'instabilité, d'où l'intérêt pour tous les Sénégalais de laisser le Conseil constitutionnel faire son travail sereinement.

Les hommes politiques doivent prendre de la hauteur, en évitant d'appeler constamment à la déstabilisation des institutions.

Malick Noël Seck : « *Nous sommes venus vous rappeler aujourd'hui le serment tacite que vous avez fait au peuple sénégalais en tant que membres du Conseil constitutionnel, il nous semble*

---

[31] Par Mamadou Diallo, Lequotidien.sn, jeudi 10 novembre 2011.
[32] Par Barka Isma BA, *Le populaire*, samedi 12 novembre 2011.

aujourd'hui que vous avez manqué à vos engagements et à votre parole » écrivait le jeune socialiste. *« Wade doit tomber, l'honneur du Sénégal l'exige ! Nous sommes venus chez vous manifester nos ressentiments et vous désigner comme les responsables de nos souffrances quotidiennes. (...) Demain, lorsque la parole sera à la rue, nous reviendrons plus nombreux afin que vous nous rendiez des comptes. »*[33]

Le comportement de certains hommes politiques révèle une indignité excessive par rapport à l'objet de leur engagement.

Les magistrats sont en grande majorité des professionnels compétents avec en grand sens du service public de la justice. Un homme politique doit être mesuré dans ses déclarations contre le service public de la justice.

Madame Aissata Tall Sall a maintes fois pris position contre la candidature de Wade sans charger la justice, avec une argumentation juridique claire et sans mettre en doute la probité des magistrats, contrairement à Barthélémy Diaz qui s'en prend à la justice sur le cas de Noël Seck pour l'intimider. Aucune poursuite n'a été engagée contre lui pour ce fait grave et irrespectueux de l'institution.

Il ne s'agit pas seulement de contester pour s'opposer, mais d'être capable de proposer une alternative crédible pour le pays. Il est effrayant d'entendre des jeunes qui ont vocation à exercer le pouvoir proférer de telles menaces sans que les autorités interviennent pour protéger les institutions.

De telles attitudes ne font que dégrader l'image de la démocratie dans notre pays.

Certains hommes politiques surfent sur la vague des révolutions démocratiques des pays arabes pour mieux déstabiliser le pays. J'ai du mal à reconnaître en eux des

---

[33] *Jeune Afrique*, 20/10/2011.

hommes politiques responsables. L'accession au pouvoir se fait par des moyens démocratiques, non par la violence.

Conclusion

L'avènement de l'alternance a suscité beaucoup d'espoirs, mais ni le pouvoir de Wade, ni l'opposition ne paraissent être en mesure de dissiper l'inquiétude des Sénégalais.

Combien le scepticisme des Sénégalais est profond quant à la capacité des politiques à résoudre les problèmes qui se posent à eux, et ils ont également un jugement négatif sans équivoque sur une classe politique désemparée face au manque de confiance de ceux auxquels le message politique s'adresse.

Mais leur pessimisme atteint de tels sommets que la classe politique aura beaucoup de mal à restaurer la confiance. Trop de mauvaises nouvelles se sont cumulées : l'aggravation de la crise énergétique et du sort des populations habitant dans des zones inondables, de la corruption insidieuse, ainsi que le chômage qui poursuit son inexorable progression.

L'enrichissement suspect des hommes politiques est devenu un véritable fléau qui crée un climat de déception et de frustration chez les citoyens.

L'attente de l'opinion est immense en la matière, car l'élection constitue par essence un contrat de confiance entre représentants et représentés. Pour rétablir cette confiance, les hommes politiques devraient arrêter de défendre leur position et se préoccuper de l'intérêt général.

Le Sénégal est engagé dans une indispensable recherche d'alternance politique et personne, ni le pouvoir, ni les prétendants, n'a de solution toute faite. Nul ne sait avec précision quels seront les aléas de l'économie sur les conditions de vie des citoyens, ainsi que l'évolution des comportements politiques et les alliances possibles.

Sans un véritable changement de vision de la classe politique, une nouvelle alternance produirait certainement d'autres transfuges.

Faisons en sorte que la future alternance ne soit pas qu'un simple changement d'équipe.

Il appartient au président de décrisper la situation politique de notre pays.

Et si le président Wade prenait cette décision courageuse en renonçant à briguer un troisième mandat, il reprendrait de la hauteur.

Contre toute attente, si la candidature de maître Abdoulaye est validée par le Conseil constitutionnel et qu'il remporte les élections par la même occasion, le président Abdoulaye Wade pourra-t-il redevenir un homme d'État ?

Faut-il en déduire que Wade n'a pas changé le Sénégal ?

La réponse doit être nuancée, car il est nécessaire de traiter de nombreuses questions qui englobent plusieurs secteurs : la case des Tout-petits, les infrastructures, l'aéroport Blaise Diagne, le monument de la Renaissance, l'autoroute à péage, l'agriculture, etc. Même si ces réalisations ont suscité et continuent de susciter de vives critiques, elles ont le mérite d'être faites.

Il faut néanmoins veiller à maintenir une conscience civique, facteur de stabilité, de cohésion nationale et de développement. Le Sénégal traverse une crise de la démocratie qui ne peut être considérée comme une absence de démocratie.

Si l'on avait la possibilité de poser ces questions aux citoyens électeurs, l'on aurait peut-être pu recueillir plus d'enseignements.

Qu'est-ce qui déterminera votre choix lors de l'élection présidentielle de 2012 ?

Que pensez-vous du gouvernement sortant ?

Qu'attendez-vous du futur gouvernement ?

Quelle personnalité politique convient le mieux pour diriger le gouvernement ?

Quelles sont les promesses de campagne qui se rapprochent le plus de vos intérêts personnels ?

Quel est le candidat qui se rapproche le plus de votre idéologie ?

Avez-vous une idée pour qui allez-vous voter ?

Votre choix est-il définitif ou peut-il changer s'il y a un deuxième tour ?

Quels sont les effets de la campagne sur votre choix ?

BIBLIOGRAPHIE

J. Attali, *Analyse économique de la vie politique*, Paris, PUF, 1972.

J. Baechler, *Qu'est-ce que l'idéologie ?*, Paris, Gallimard, 1976.

F. Barnes, « Le mythe des consultants politiques », in dossier présidentiel, 1988, n° 9, *Médias, Pouvoirs*, janvier/ mars, 1988.

D. Bongrand, *Marketing et communication politique*, Paris, PUF, 1979.

P. Bourdieu, *Actes de recherches en sciences sociales*, n° 36-37, février-mars 1981.

P. Bourdieu, *Ce que parler veut dire*, Paris, Fayard, 1982.

Patrick Champagne, *Faire l'opinion. Le nouveau jeu politique*, Paris, Éditions de Minuit, 1990.

M. Duverger, *Les partis politiques*, 6ᵉ Ed, Paris, A. Colin, 1976.

I. Fall, *Sous-développement et démocratie multipartisme : l'expérience sénégalaise*, Dakar-Abidjan, NEA, 1997.

Textes constitutionnels du Sénégal de 1959 à 2007, réunis et présentés par Ismaïla Madior Fall, CREDILA.

Bakary Traoré, *De la genèse de la Nation et de l'État en Afrique noire*, Paris, Présence Africaine, n° 127/128, 1983.

J.D. Lafay, « Les conséquences électorales de la conjoncture économique, essai de prévision chiffrée pour mars 1978 », 1977.

A. Lancelot, P. Habert, « Émergence d'un nouvel électeur ? », in P. Habert (ed), *Le nouvel électeur*, Paris, Vinci, 1996.

M. Mayer, P. Perrineau, *Les comportements politiques*, Paris, A. Colin, 1992.

El Hadj Mbodj, *La succession du chef de l'État en droit constitutionnel africain. Analyse juridique et impact politique*, Thèse de doctorat d'État en droit, Dakar, FSJP-UCAD, 1991.

P. Merle, « L'homo-politicus est-il un homo-économicus ? », *Revue Française de science politique*, vol 40, n° 1, février 1990.

J. M. Nzouankeu, « La consolidation et le renforcement de la démocratie au Sénégal et le multipartisme illimité », *RIPAS*, n° 2, oct.-déc. 1981, pp. 323-384.

TABLE DES MATIÈRES

Préface 9
Introduction 13
Le marché politique au Sénégal 21
L'offre politique 27
   1. Le programme 28
   2. La personnalité du candidat 31
   3. Idéologie 33
L'attente des citoyens 37
   1. Bilan résumé de Wade 39
   2. Les projets de l'opposition : une synthèse
      programmatique de quelques candidats 41
La perception de l'offre politique 47
   1. Scepticisme des Sénégalais quant à la réalisation
      des programmes politiques 47
   2. Dégradation de l'image des hommes politiques 48
   3. L'affaiblissement des identifications partisanes 50
Les stratégies des acteurs politiques 53
   1. Fidéliser l'électorat 55
   2. Les alliances 57
   3. Vote utile 60
**L'affairisme dans le fonctionnement
du marché politique sénégalais** 63
   1. Le printemps des politologues 67
   2. L'âge du président 70
   3. Suspicion de dérives monarchiques 71
Le marché politique sénégalais en ébullition 75
   1. Tentative de détournement constitutionnel avortée ... 79
   2. La violence 81
Conclusion 87
Bibliographie 91

L'HARMATTAN, ITALIA
Via Degli Artisti 15 ; 10124 Torino

L'HARMATTAN HONGRIE
Könyvesbolt ; Kossuth L. u. 14-16. 1053 Budapest

L'HARMATTAN BURKINA FASO
Rue 15.167 Route du Pô Patte d'oie
12 BP 226 Ouagadougou 12
(00226) 76 59 79 86

ESPACE L'HARMATTAN KINSHASA
Faculté des Sciences Sociales, Politiques et Administratives
BP243, KIN XI ; Université de Kinshasa

L'HARMATTAN GUINÉE
Almamya Rue KA 028 en face du restaurant le cèdre
OKB agency BP 3470 Conakry
(00224) 60 20 85 08
harmattanguinee@yahoo.fr

L'HARMATTAN CÔTE D'IVOIRE
M. Etien N'dah Ahmon
Résidence Karl / cité des arts, Abidjan-Cocody 03
BP 1588 Abidjan 03
(00225) 05 77 87 31

L'HARMATTAN MAURITANIE
Espace El Kettab du livre francophone
N° 472 avenue Palais des Congrès, BP 316 Nouakchott
(00222) 63 25 980

L'HARMATTAN CAMEROUN
Immeuble Olympia face à la Camair
BP 11486 Yaoundé
(237) 458.67.00/976.61.66
harmattancam@yahoo.fr

L'HARMATTAN SÉNÉGAL
« Villa Rose », rue de Diourbel X G, Point E
BP 45034 Dakar FANN
(00221) 33 825 98 58 / 77 242 25 08
senharmattan@gmail.com

L'HARMATTAN MALI
Rue de Leipzig, face au Palais de la culture,
Porte 203, Badalabougou, Bamako
00 223 20 22 57 24 / 00 223 76 37 80 82
pp.harmattan@gmail.com

Achevé d'imprimer par Corlet Numérique - 14110 Condé-sur-Noireau
N° d'Imprimeur: 84893 - Dépôt légal: janvier 2012 - *Imprimé en France*